Hen Gloc Mawr y Dre, Caernarfon

CYFROLAU CENEDL 13
Golygydd y gyfres: Dafydd Glyn Jones

W891·66WON

The item should be returned or renewed by the last date stamped below.

Dylid dychwelyd neu adnewyddu'r eitem erbyn y dyddiad olaf sydd wedi'i stampio isod

Newport
CITY COUNCIL
CYNGOR DINAS
Casnewydd

To renew visit / Adnewyddwch ar
www.newport.gov.uk/libraries

Cyfrolau Cenedl 13

Galw'n Ôl

Deuddeg Bardd o Ddechrau'r Ugeinfed Ganrif

Golygwyd

gan

DAFYDD GLYN JONES

DALEN NEWYDD

2020

Argraffiad cyntaf – 2020

Rhif llyfr cydwladol (ISBN) 978-0-9955399-5-2

ⓗ hawlfraint ar y rhagymadrodd a'r nodiadau
gan Dafydd Glyn Jones

Cydnabyddir yn ddiolchgar gymorth Cyngor Llyfrau Cymru
tuag at gyhoeddi'r gyfrol hon.

Cynllunio gan Nereus,
Tanyfron, 105 Stryd Fawr, Y Bala, Gwynedd, LL23 7AE.
e-bost: dylannereus@btinternet.com

Cyhoeddwyd gan Dalen Newydd Cyf.,
3 Trem y Fenai, Bangor, Gwynedd, LL57 2HF.
e-bost : dalennewydd@yahoo.com

Argraffwyd a rhwymwyd gan Argraffwyr Cambrian,
Llanbadarn Fawr, Aberystwyth, Ceredigion, SY23 3TN

Rhagair

Dywedwn yr hanes. 'N'ad fi'n Ango' oedd teitl y gyfrol hon i fod. A hithau mewn proflenni, dyma ddeall fod cyfrol arall o'r un enw newydd ymddangos. Ailfedyddio felly, ond cadwn y blodyn glas ar y clawr.

Diolch i Wasg Gomer am ganiatâd caredig i gynnwys cerddi o *Y Lloer a Cherddi Eraill* (J.J. Williams) ac o *Y Greal a Cherddi Eraill* (Dyfnallt). Credaf fod gwaith y deg bardd arall allan o hawlfraint, ond rhodder gwybod i ni fel cyhoeddwyr os oes unrhyw gydnabyddiaeth bellach yn ddyledus.

Diweddarwyd y mymryn lleiaf ar orgraff y cerddi cynharaf i'w cyhoeddi.

Hydref 2020   D.G.J.

Cynnwys

Rhagymadrodd

Yn y detholiad hwn, rhwng yr Hen Gloc Mawr a'r Ddinas Gadarn, dyma inni waith dwsin o feirdd a ganai dros drothwy'r ugeinfed ganrif ac yn ystod ei hanner cyntaf. Plant y 1860-70au ydynt oll ond dau, a'r ddau hynny ychydig yn hŷn : pawb ohonynt yn etifeddion rhamantiaeth Oes Victoria, a rhai ohonynt wedi teimlo peth oddi wrth 'ramantiaeth newydd' degawd cyntaf yr ugeinfed ganrif. Yr oedd y rhan fwyaf ohonynt wrthi yn ystod yr ail ddegawd, ac felly'n 'Sioriaid' mewn ystyr dechnegol ; eto maent yn taro tant eithaf gwahanol i eiddo'r 'Georgians' Saesneg, eu cyfoeswyr. Yr oeddynt i gyd yn adnabyddus yn eu hoes, rhai yn adnabyddus iawn : pawb ond un ag enw barddol, chwech ohonynt yn brifeirdd cadair neu goron, a thri o'r rheini yn archdderwyddon. Mae saith yn feirdd-bregethwyr.

Aethant braidd allan o gof. Eu tynged oedd cyfoesi â beirdd mwy gwreiddiol, annibynnol, arloesol a modernaidd – W.J. Gruffydd, T. Gwynn Jones, R. Williams Parry, T.H. Parry-Williams, Gwenallt ; cyfoesi hefyd â beirdd telynegol eraill a lwyddodd efallai i'w tharo-hi'n amlach a chroywach – Eifion Wyn, Crwys, Cynan, I.D. Hooson ; cyfoesi eto â chwmni cymysg iawn o rai a ddaeth ac a erys yn fwy o 'enwau' – John Morris-Jones am ei awdurdod, neu Elfed, J. Glyn Davies, Hedd Wyn, Dewi Emrys, Niclas y Glais – am eu bod yn 'ffigurau' neu 'gymeriadau'.

Nid angof popeth o'u gwaith, ac wrth i'r detholiad hwn geisio dwyn cerddi i'r golau o'r cysgod, sef yr hyn a wna y rhan amlaf, mursendod fyddai gadael allan y cerddi bythwyrdd. Na phoener felly, mae 'Clychau Cantre'r Gwaelod', 'Yr Hafaidd Nos', 'Bugail y Briallu' ac 'Ar Ben y Lôn' yma'n ddiogel, ynghyd â chaneuon hoff a hyfryd Llew Tegid i Blwy Llangywer ac i'r Fwyalchen Ddu Bigfelen – caneuon y mae'n rhy hawdd anghofio bod iddynt awdur o gwbl.

Mae yma bethau i'r sawl sy'n hoffi cymharu. Dyma 'Lyn y Gadair' i'w hystyried wrth ochr soned enwog, a 'Marged uch Ifan' wrth ochr penillion gwerin i'r un arwres. Crynhodd Sarnicol yn bur llwyddiannus un o delynegion Horas yn ffrâm y soned; yn 'Heddiw ac Yfory' (*Manion*, t. 115) gwnaeth T. Gwynn Jones gywydd campus ohoni. Yr oedd 'Bro fy Mebyd', Bryfdir, yng nghystadleuaeth y Goron yn Eisteddfod Genedlaethol Pwllheli, 1925; gwelodd y beirniaid rinweddau ynddi, a gallwn bob amser ei chymharu â phryddest fuddugol Wil Ifan, fwy newydd yn ei dydd. Cyfieithiad meistraidd yw 'Y Gigfran', Gwynn Jones (*Manion*, t. 120); aeth Elphin ati'n eofn i barhau a dehongli stori 'Lenôr' : cydiodd ynddi ar yr isafbwynt diobaith lle gadawodd ei hawdur gwreiddiol hi, a'i dirwyn drwy sawl tro seithug nes cyrraedd y fan, nes at Dante nag at Edgar Allan Poe, lle cwrdda'r bardd â'r anwylyd goll sy'n ei dywys i'r gwynfyd, fel nad 'Ofer yw!' yn y fersiwn hon. Weithiau gall y gymhariaeth awgrymu'r rhagor rhwng da a gwell : parcher 'Yr Hen Fron'r Erw', ond yn 'Cerdd Hen Lanc Ty'n y Mynydd' – yn ei phennill olaf efallai – mae'r peth ychwanegol hwnnw sy'n rhoi inni ddarlun, nid o hen gymêr gwladaidd ychydig yn ecsentrig, ond o ddyn a'i frwydr ddiddiwedd yn erbyn natur.

Trefnwyd ein cerddi yn fras iawn yn ôl eu testunau, mewn adrannau sy'n rhedeg i'w gilydd yn null *Y Flodeugerdd Gymraeg*. Gwelir yn syth fod cerddi a allai yn hawdd ddod dan fwy nag un pennawd. Categorïau digon syml yw, dyweder, 'Cymeriadau', 'Man a Lle', 'Bro a Gwlad'. Mae 'Profiadau' yn helaethach ac yn eithaf cymysgedd : rhyw bethau a ddigwyddodd, rhyw adegau a adawodd eu hargraff, rhyw syniadau a drawodd ar draws y meddwl, a dyrnaid digon diddorol o gerddi am brofiad y bardd o geisio mynegiant.

Fel gyda phob llenyddiaeth, un peth yw'r testun, peth arall yw'r thema, sef y peth a welir yn y testun neu a dynnir allan ohono. Ni raid chwilio'n hir am themâu'r beirdd hyn, y rhagdybiau o dan eu gwaith, yr ystyron a welant mewn gwrthrychau a digwyddiadau. Yn waelodol i'r cyfan bron y mae crefydd, cred, ffydd – neu yn fwyaf priodol efallai, duwioldeb. Yn hynny o beth ni welir gwahaniaeth mawr yma rhwng pregethwr a lleygwr. Ceir yma o leiaf un emyn mawr, gwaith ei awdur yn 19 oed, sef ein cerdd olaf. Haen ddiosgoi arall yw gwladgarwch, ac ni ellir hollti honno'n glir oddi wrth yr haen o dduwioldeb. Poenir a ydym yn cadw Gŵyl Ddewi yn y modd priodol. Cenir nid yn unig i fywyd crefyddol cysurlon ond hefyd i ffordd o fyw gydag islais o bryder am ei pharhad. Mae hynny yn ei dro yn cysylltu â'r holl gerddi sydd â 'Hen' yn eu teitlau, cerddi'n sôn yn hoffus-hiraethus am bobl a phethau sydd wedi diflannu neu ar fin mynd. Amlwg ymhlith y bobl yw hen gymeriadau gwledig; cofir eu pethau ecsentrig neu hen ffasiwn gan ganmol eu nodweddion Buchedd A a maddau eu nodweddion Buchedd B. Am hynny o wleidyddiaeth sydd yma, llednais ac ymataliol ydyw gan mwyaf oll. Gwyddom i Alafon, yn llanc o chwarelwr yn Nyffryn Nantlle, drefnu tipyn o 'weithredu diwydiannol' i gael gwell amodau. Maniffesto tra Rhyddfrydol yw 'Cyflog Byw' ganddo; gallai fod yn feddyliau Bob Lewis neu'n fersiwn ar gân o ddatganiad Edward Ifans wrth Mr. Price-Humphreys y stiward, *Chwalfa*, t. 217. Cyfarchwyd Erin ddioddefus gan J.T. Job, ond aeth Elphin nifer o gamau ymhellach yn ei amddiffyniad eofn ddigyfaddawd o C.S. Parnell. Elphin hefyd – ie y mwyaf gwreiddiol o'r beirdd,

er nad yw hynny o angenrheidrwydd yn ei wneud y bardd gorau
– yw'r unig un yn ein cyfrol i gollfarnu a dychanu imperialaeth
Prydain; gwna hynny yn yr adran yr ydym yn ei dyfynnu o'i
'Ymliw ag Angau', gan lefaru'n debycach i Emrys ap Iwan nag i
O.M. Edwards.

Mae ein Llyfryddiaeth yn rhestru rhai ymdriniaethau
beirniadol. Cawn ddarllen sylwadau Alun Llywelyn-Williams
ac R.M. (Bobi) Jones ar gryfderau a gwreiddioldeb 'Sonedau y
Nos' gan Elphin. Ceir siarad plaen gan Alan Llwyd, Bobi Jones
a Gerwyn Williams, ac yn llyfr T. Robin Chapman, *Meibion
Afradlon a Chymeriadau Eraill* dadansoddir mewn modd
eithaf didrugaredd y meddylfryd a rennir gan delynegwyr y
genhedlaeth, meddylfryd a dueddai'n rhy aml at sentimentaliaeth,
cysêt eithafol a chrach-foesoli; daw 'cwlt y dinod' yn destun
triniaeth ddeifiol. Credaf y bu beirdd y gyfrol hon yn llai euog
na rhai o'u cyfoedion, er i ambell un ohonynt droedio weithiau
ar fin y dibyn a hyd yn oed syrthio drosto. (Y tro hwn gofynnir
i'r darllenwyr fod yn barchus tuag at 'Yr Anglodd' ac yn raslon
tuag at 'Dai', ond arbedwyd hwy rhag 'Peintio'r Byd yn Goch' o
law yr un awdur.)

Gwelodd Sarnicol, a gwelodd y genhedlaeth, 'ddrycin yn
rhyddhau / Ei llengau pygddu llawn'. Gwelsant bennod gyntaf
alaeth echrydus yr ugeinfed ganrif, a rhydd y cerddi rywfaint o
ymateb i hynny. O feirdd y detholiad hwn, Dyfnallt, fel Caplan yn
Ffrainc, a ddaeth nesaf at ganol y gyflafan; *Myfyrion a Chaneuon
Maes y Tân* yw'r unig gyfrol Gymraeg i darddu'n uniongyrchol
o'r brwydro a'i chyhoeddi yn ystod y rhyfel, a chynhwysir yma ei
dwy gerdd gryfaf. O blith y cerddi'n cofio milwyr, mae gennym
gyferbyniad rhwng cynildeb pennill Bryfdir ac ing englynion
Llew Tegid. Yn *Prifysgol y Werin*, ei astudiaeth o hanes yr
Eisteddfod Genedlaethol, 1900-1918, cofnoda Alan Llwyd

mai Llew Tegid, fel arweinydd dydd Mawrth yn Eisteddfod
Bangor, 1915, a gynigiodd y penderfyniad 'i gefnogi'r Rhyfel
hyd at y diwedd buddugoliaethus'; ef hefyd ar y dydd Sadwrn
a ddarllenodd neges y Brenin yn diolch i'r Eisteddfodwyr am eu
teimlad teyrngarol. Dyma'n hwynebu â thrasiedi, trychineb, ie
sgandal, y dydd a'r awr. Gwrthoda'r cwestiwn fynd ymaith, sut y
llwyddodd cenhedlaeth mor llythrennog, gwybodus a meddylgar
â hon i gymryd cam mor wallgo. Anochel, mae'n debyg, oedd
i 'Trannoeth y Drin' ddod yn destun erbyn 1920. Cafwyd
pryddest wrth fodd y beirniaid, ond hawdd teimlo wedyn mai
tamaid ydoedd i aros 'Mab y Bwthyn' ymhen y flwyddyn. Mae'n
argoelus yn ei rhybudd am 'arall gad', ac mae 'mesur Omar' yn
ddewis addas i gyfleu ansicrwydd ac anniddigrwydd am bethau
fel y maent. Emyn a ganwyd gyntaf ar ddydd y Cadoediad, 1918,
yw ein rhif 64.

Yr oedd y beirdd hyn yn wŷr o sylwedd. Ni raid ond meddwl
am y pregethwyr gyda holl arfogaeth eu proffesiwn mewn
ieithoedd, athroniaeth a diwinyddiaeth. Meddylier am Moelwyn
yn penderfynu mynd i astudio yn Leipzig, yn cwblhau yno
draethawd ymchwil yn yr Almaeneg ar y Mabinogi, ac fel bonws
yn ysgrifennu llawlyfr dysgu Almaeneg ar gyfer yr ysgolion!
A chyda dysg, profiad : aeth rhai o'r pregethwyr i'r pulpud wedi
blynyddoedd mewn pwll glo neu chwarel. Buont wedyn yn
ddyfal yn eu cenhadaeth : rhoes Gwili a Dyfnallt wasanaeth
ac arweiniad diflino fel golygyddion eu papurau enwadol.
O gofio pethau fel hyn, efallai y bydd rhai o'r darllenwyr yn
gofyn y cwestiwn, pam yr oedd eu canu mor *naïf*? Dyna'r gair,
ac nis bwriedir fel amarch. Rywsut, *fel beirdd*, ni allent drin
eironi, na wynebu llawer o groesebau. Down yn ôl at natur eu
gwladgarwch, a olygai mor aml warchod braidd yn bryderus

ryw safon o foesoldeb – 'codwn enw Cymru'. Pan ddaeth i ran rhai ohonynt feirniadu prif gystadleuthau barddol yr Eisteddfod, bu moderniaeth rhai o genhedlaeth iau yn dipyn o dramgwydd iddynt, er mor gymedrol oedd y foderniaeth honno. Nid oedd dim amdani yn y diwedd ond llyncu'n galed a gwobrwyo Parry-Williams, Cynan, Prosser Rhys – a Gwenallt y tro cyntaf, nid yr ail dro !

Yn eu clymu ynghyd, parchedigon a lleygwyr, gan wneud ohonynt rywbeth lled agos i gwmni neu ysgol, y mae ideoleg. O fewn honno gellir canfod pum edefyn, bron yn amhosibl eu didoli oddi wrth ei gilydd. (1) Platoniaeth, a benthyca'r gair yn enw ar ryw gred mai i'r delfrydol yn unig y dylai bardd ganu. (2) Piwritaniaeth, yn yr ystyr o ymboeni ynghylch rhyw gôd moesol na olygai yn y diwedd fawr mwy na lledneisrwydd. (3) Rhamantiaeth, yn yr ystyr arbennig o ymwrthod â'r 'realism' y gwelir hwy weithiau'n petruso rhoi'r gair Cymraeg amdano. (4) Gwladgarwch, sef y tro hwn y syniad Protestannaidd traddodiadol am Gymru fel cenedl â rhyw ddisgwyliadau arbennig yn ei chylch, ac na chaiff fodoli os yw'n siomi'r disgwyliadau hynny. (5) Yn treiddio drwy'r cyfan, Rhyddfrydiaeth, ym mhob ystyr i'r gair. Arwyddocaol iawn mai *cenedlaetholwyr gwleidyddol*, er yn ddigon ymataliol, a heriodd y consensws hwn yn ystod y 1920au, o fewn yr Eisteddfod a thu allan. Galwodd Gwili ym 1918 am greu plaid genedlaethol Gymreig, ac yr oedd Dyfnallt yn un o aelodau gwreiddiol y Blaid honno pan sefydlwyd hi ym 1925. Ond fel beirdd arosasant o fewn y consensws. Unwaith eto, Elphin yw'r eithriad o bwys. Edrycher ein Llyfryddiaeth, a darllener ar bob cyfrif ymdriniaeth dreiddgar Robert Rhys ar y duedd hon i osgoi rhai pethau, fel y gwelir hi yng ngwaith un bardd yn arbennig.

Dwy 'linell dywyll' a welaf yn y detholiad oll, ac mae arnaf ofn mai Alafon biau'r ddwy, sef y dyn olaf yn y byd i ymhel â thywyllwch moderniaeth. Yn nhrydedd linell ein cerdd gyntaf, ystyr 'addig' yw 'dig' ; yr ergyd, os wyf wedi deall yn iawn, yw fod y cloc newydd yn ddigon del, ond heb gymeriad yr hen gloc. (Gwelsom ninnau'r 'Cloc Mawr' yn mynd yn llai eto, ond yn dal i wneud ei waith.) Am y llinell anodd arall, gweler y nodyn ar rif 21.

Mae rhai o gerddi'r detholiad hwn yma am eu bod yn arddangos meddylfryd eu hoes ; eraill, a'r mwyafrif mi obeithiaf, am eu bod yn ddifyr a dymunol i olwg un detholwr o leiaf. Os teimla rhai darllenwyr imi wastraffu f'amser yng nghwmni'r awen lednais, is-ramantaidd hon, fy unig ateb yw : mi gefais ryw bleser rhyfedd.

1.

Hen Gloc Mawr y Dre

(Caernarfon)

Mi blethaf gerdd o atgof am Hen Gloc Mawr y Dre :
Ffyddlonaf gennad Amser chwim, diorffwys, oedd efe ;
A hawdd yw teimlo'n addig at gelf olygus wedd
Am foddio mympwy calon neb drwy'i symud ef o'i sedd ;
Mi daeraf hyd yr eitha' nad all cywreinrwydd chwaith
Byth ffurfio'r un – waeth am ei lun – medrusach gyda'i waith.
Na, agos mewn perffeithrwydd i danllyd gloc y ne',
A'i gynrychiolydd ar y llawr oedd Hen Gloc Mawr y Dre.

'Roedd ef yn cofio'r cyfnod pan oedd Ardalydd Môn
Yn faer y dref (amdano ef am oesoedd maith bydd sôn !)
A chyson wasanaethodd 'rôl hyn i lawer to
Breswyliodd dref Caersallwg, ac i eraill ar eu tro.
Tramwyodd cenedlaethau dan fwa'i seilfan gref,
A llawer dydd a llawer nos aeth rhwng ei fysedd ef
Yn ôl i dragwyddoldeb, tra sefyll yn ei le
I droi'n glywadwy sŵn eu traed wnâi Hen Gloc Mawr y Dre.

Diwydrwydd oedd ei elfen, cysondeb oedd ei nod,
Ffyddlondeb pur ei ddidwyll fron enillodd iddo glod.
Ni wyddai beth oedd seibiant, ac ni chroesawodd ludd :
'Roedd fel ei feistr, Amser, wrth ei orchwyl nos a dydd.
Tra'r hunai deiliaid llafur ym mreichiau'r ddunos laith,
Tra natur mewn tawelwch dwfn, ceid ef yn gwneud ei waith ;
A phan agorai emrynt y bore, pawb trwy'r lle
A elwid eilwaith at eu swydd gan Hen Gloc Mawr y Dre.

'Roedd pawb yn edrych arno trwy oesoedd megis tad
A chywir safon amser i holl glociau'r dref a'r wlad.
Os hoffai rhywun wybod yr amser yn ei le,
Fe holai yn bwysleisiol iawn, 'Faint yw hi ar y *Dre?*'
Edrychai llawer cymrawd ei oriawr yn ei ŵydd,
Ac os na byddai yn ei lle câi oruchwyliaeth rwydd
'Y pum bys,' neu'r oriorydd; ond mawr ymffrostiai e
Os gallai brofi ei bod hi'n mynd fel Hen Gloc Mawr y Dre.

Rhyw Jonah mawr rhybuddiol ar safle uchel oedd:
Ar ben pob awr yng nghlyw y dref pregethai ef ar goedd.
Anghofio'i lais nis gallaf: disgynnai ar fy nghlyw
Fel llais o dragwyddoldeb pell, gyrhaeddai'r enaid byw.
A chredaf y bu'n foddion â'i dreiddiol seiniau syn
I ddeffro cydwybodau lu o ddyfnaf gwsg cyn hyn.
Pwy ŵyr na phriodolir gan rai sydd yn y ne'
Eu hargyhoeddiad cyntaf i Hen Awrlais Mawr y Dre?

Henafol swyddog Amser! Rhoes lawer tic erioed,
Ac ar ei wisg pob eiliad chwim adawai ôl ei throed.
Daeth awr ei ymddatodiad – mae yntau wedi mynd
Oddi wrth ei waith i blith a fu, fel llawer ffyddlon ffrind.
Ond os aeth ef i orffwys, mae'i feistr megis cynt
O ddydd i ddydd, o awr i awr, ar ei ddilestair hynt.
O barch i'w goffadwriaeth rhoer colofn ger ei le,
A cherfier arni, '*Ni chaed twyll yn Hen Gloc Mawr y Dre.*'

Alafon

2.

Cloch Fawr Cologne

'Dowch, dowch i addoli,'
  Medd Cloch Fawr Cologne ;
Clywch ryfedd bereidd-der
  Ei thymer a'i thôn.
Ei sŵn bair i'r Rheindir
  A'i chwa lawenhau,
A geilw'r trigolion
  I edifarhau :

      Gwrandewch ar ei thôn,
      O demel Duw Iôn :
      'Dowch, dowch i addoli,'
      Medd Cloch Fawr Cologne.

Hen fagnel gynt ydoedd,
  Fu'n ddychryn i lu,
Yn fawr ei chelanedd,
  A rhyfedd ei rhu ;
Ond toddwyd ei chalon,
  Newidiwyd ei thôn :
Manase y clychau
  Yw Cloch Fawr Cologne.

Anghofiodd drist ddyddiau
  Ei thyrfa a'i thân –
Yng nghanol pêr-syndod
  A chymod ei chân ;
A thrwy'r Armagedon
  Fu'n ysgwyd y byd –
Ni pheidiodd yr hengloch
  Â chanu o hyd !

Un hwyr, a mi'n gwrando
    Dan gawod y gân,
Clywn fwynllais yn cwafrio –
    O fron oedd ar dân :
Rhyw Fagdalen ydoedd
    Yn plethu ei thôn
O fawl i'r Gwaredwr
    Yn Eglwys Cologne :

    Gwrandewch ar ei thôn,
    O demel Duw Iôn :
    'Dowch, dowch i addoli,'
    Medd Cloch Fawr Cologne.

J.T. Job

3.
Clychau Cantre'r Gwaelod

O dan y môr a'i donnau
    Mae llawer dinas dlos,
Fu'n gwrando ar y clychau
    Yn canu gyda'r nos ;
Trwy ofer esgeulustod
    Y gwyliwr ar y tŵr,
Aeth clychau Cantre'r Gwaelod
    O'r golwg dan y dŵr.

Pan fyddo'r môr yn berwi,
    A'r corwynt ar y don,
A'r wylan wen yn methu
    Â disgyn ar ei bron ;
Pan dyr y don ar dywod,
    A tharan yn ei stŵr,
Mae clychau Cantre'r Gwaelod
    Yn ddistaw dan y dŵr.

Ond pan fo'r môr heb awel,
    A'r don heb ewyn gwyn,
A'r dydd yn marw yn dawel
    Ar ysgwydd bell y bryn,
Mae nodau pêr yn dyfod,
    A gwn yn eithaf siŵr
Fod clychau Cantre'r Gwaelod
    I'w clywed dan y dŵr.

O ! cenwch, glych fy mebyd,
    Ar waelod llaith y lli ;
Daw oriau bore bywyd
    Yn sŵn y gân i mi ;
Hyd fedd mi gofia'r tywod
    Ar lawer nos ddi-stŵr,
A chlychau Cantre'r Gwaelod
    Yn canu dan y dŵr.

J.J. Williams

4.

O Leuad Olau Lwyd

O leuad olau oer dy wawr,
Wyt olau gan mor agos at y nef,
Wyt oeraidd gan mor agos at y llawr,
　　Leuad, lwyd dy wawr!

O leuad olau gyfnewidiol wawr,
Goleui – wyt mor agos at y nef,
Newidi – wyt mor agos at y llawr,
　　Leuad, lwyd dy wawr!

O leuad olau brudd dy wawr,
Wyt olau gan mor agos at y nef,
Wyt bruddaidd gan mor agos at y llawr,
　　Leuad, lwyd dy wawr!

Moelwyn

5.

Y Lloer

(Rhannau))

Loer annwyl yr awenau,
I awen ŵyl rho fwynhau
Drwy y gerdd dy belydr gwyn
Yn olau ar fy nhelyn.

Dy olau di, leuad wen, – yn fore
    Gyfeiriodd serch f'awen
  O ddu diroedd daearen
  A bro'r niwl i lwybrau'r nen.

Os dihunaist ei hynni, – hithau fyn
    I'th fawl eilio'i cherddi ;
  Felysed, hawdded iddi
  Yw taro tant aur i ti !

Ymwibia cofion mebyd – enhuddwyd
    Gan flynyddoedd adfyd
  Fyth i'm bryd, a hyfryd yw
  Hyd heddiw eu dedwyddyd.

Cynefin â min y môr – oeddwn i,
    Gwyddwn iaith y dyfnfor,
  A'r dedwydd drydar didor
  Wnâi ewyn càn yn y côr.

O'r glannau oer gwelwn i – y gwenyg
    Gwynion yn ymdorri ;
  Ac O, laned goleuni
  Arian y lloer yn y lli !

Gwybu'r gwenyg brigwynion – liw annwyl
    Ei goleuni tirion
  Yn gwneud dig ewyn y don
  Ail i lili oleulon.

Y mae hiraeth am aros – trwy ei oes
    Ar y traeth anniddos,
  Lle tardd yng ngwyn ewyn nos
  Fil o dyner flodionos.

Yr hen oriau yn aros – nid ydynt,
    Ond dwed pob canolnos
  Am fy nghariad, leuad dlos,
  Na ddiflannodd fel unnos.

Rhaid hwylio tannau'r delyn, – a gyrru'r
    Garol dros ei llinyn ;
  Loer annwyl, er ei hennyn,
  Dylif aur dy olau fyn.

§

Leuad annwyl, dy wenau – o newydd
    Gynheua galonnau
  Â chynnes serch i nesáu
  I diroedd hen fwynderau.

Cofio'r lloer yw cofio'r llais – dialar
    Yn dy olau glywais ;
  Yn ôl yn fy ngwanwyn ir
  Oriau gofir a gefais.

Cofio'r lloer yw cofio'r llaw – wen, dirion
    Dorrai frig yr ysgaw ;
  A'r drem yrrai bryder draw
  O'r dirion ddwyfron ddifraw.

Cofio'r lloer yw cofio'r lli – a'i donnau
    Danom yn telori ;
  Hardded y gobaith-gerddi
  Wnâi'r don oer o hyd i ni !

Cofio'r lloer yw cofio'r llwyn – caeëdig
    Gysgodai ddau addfwyn ;
  Lle hudai serch ei ferch fwyn
  Dan glog y deiliog dewlwyn.

Cofio'r lloer yw cofio'r llon – deimladau
    Ymlidiodd ofalon,
  A chariad di-frad y fron
  A lwyr liwiai'r alawon.

J.J. Williams

6.

Hen Ysgol Llwynygell

Ei chofio'n babell raenus
    Yr wyf ar ben yr allt,
A llawer deryn ofnus
    Yn nythu yn ei gwallt;
Daw dyddiau'r hen flynyddoedd
    Yn ôl, er crwydro 'mhell,
I siarad am amseroedd
    Hen Ysgol Llwynygell.

Melodoedd alaw dyner
    Yn lleisiau'r plant fwynhawn,
Wrth uno yn y pader
    Foreuddydd a phrynhawn;
Daw'r emyn gyda'r awel
    Fel gŵr ar daith o bell,
I sôn am febyd tawel
    Yn Ysgol Llwynygell.

Mae Elis Wyn o Wyrfai
    Yn fud ers llawer dydd,
A Richards gyda mintai
    Yr erw ddistaw sydd;
Ond byw yw'r cof amdanynt
    Ar fedd pob storom bell,
A byw yw'r parch oedd iddynt
    Yn Ysgol Llwynygell.

Daw miwsig yr offeryn
I'm clust ar ambell awr,
Gan wahodd gwên a deigryn
Mor bêr â lliwiau'r wawr;
Mae'r bysedd a'i chwaraeai
Yn cwafrio cordiau gwell,
Heb golli'r ddawn ddisgleiriai
Yn Ysgol Llwynygell.

Oferedd holi'r muriau
Am gyfeiriadau'r plant
Fu yma am flynyddau
Heb gryndod ar eu tant;
Galaraf dan y fargod,
Nis gallaf wneud yn well,
Am nad oes neb yn dyfod
I Ysgol Llwynygell.

Bydd rhai yn galw heibio
Yng ngherbyd Atgof chwim,
A minnau'n cynnig croeso,
Ond ni arhosant ddim;
Yn iach, gyfoedion hyglod,
Yn iach, ieuenctid pell,
Ni chawn byth mwy gyfarfod
Yn Ysgol Llwynygell.

Bryfdir

7.

Capel y Cwm

Cyfeiriais yn fore i Gapel y Cwm,
A'r gwlith hyd fy llwybrau ddisgynnai yn drwm,
Tywalltai y nef o'i chostrelau ei balm
Mewn gweddi a phregeth, mewn emyn a salm ;
Hyfrydwch oedd myned drwy des a thrwy law
I awyr mor denau, a chlywed gerllaw
Delynau y gwynfyd yn canu mor bêr,
Dan lesni y wawr a disgleirdeb y sêr.

Gwrandewais wrth ymdaith brofiadau y saint,
Heb weled fy nghyfle na phrisio fy mraint,
Dan wenau a dagrau clodforent heb gêl,
Aeddfedrwydd y grawn a melyster y mêl ;
Ces gwmni angylion o lechwedd i lwyn,
Heb nabod fy ffrindiau er teimlo eu swyn ;
A phleser yw edrych yn ôl gyda pharch
Ar dŷ Obededom a chartref yr Arch.

'Roedd tynfaen i f'enaid yng Nghapel y Cwm,
A'i do yn fwsoglyd a'i furiau yn llwm,
Ni wyddwn, bryd hynny, fod cymaint o'r nef
O 'nghwmpas yn furiau rhag drygau y dref ;
Yn sain cân a moliant cyfeiriwn mewn hwyl
I nawdd y cynteddau ddydd gwaith a dydd gŵyl ;
Canfyddwn hawddgarwch ar babell yr Iôr
Uwchlaw pob golygfa ar dir nac ar fôr.

Mae'r capel a minnau ers tro ar wahân,
Daw'r atgof amdano mewn emyn a chân,
I ddilyn fy nghrwydriad o gwmwd i gell,
Fel mwynder hen alaw bererin o bell ;
Caf saib i fy natur wrth wrando yn daer
Ar brofiad fy mam ac ar adnod fy chwaer ;
Yn llewyrch y Moddion ddibrisiodd y byd,
Y gwelais i gyntaf liw'r Perl mwyaf drud.

Tŷ gwledd i fy enaid oedd Capel y Cwm,
Ei fwrdd yn gyfoethog a minnau yn llwm.
Daeth mellt temtasiynau i leibio y gwlith
Fu'n addfwyn ar flodau fy mebyd di-rith;
Ond teimlaf eu persawr a gwelaf eu gwawr
Wrth gerdded ffyrdd eraill dros anial y llawr;
Dan wynder y bore a chaddug yr hwyr,
Mwynhaf eu cyfrinach, y nefoedd a'i gŵyr.

Yn weddill nid oes o hen gwmni mor ffraeth:
Myfi a adawyd fel cwch ar y traeth;
Mae'r llanw bygythiol yn codi yn uwch,
A minnau ar dostur y storom a'i lluwch;
Ond erys cyfaredd fy mebyd o hyd
Yn gysur mewn cafod uwch gwybod y byd;
Ysgafned yw'r baich fu yn llethol o drwm
O droi am awr dawel i Gapel y Cwm.

                                        Bryfdir

8.

Yr Hen Simdde Fawr

(Y Miwsig gan Ap Glaslyn)

Chwibanai'r gwynt yn neuaddau'r nos,
  A'r eira ar bant a bryn;
A dawnsiai bwganod ar y rhos
  Gan wichian yn oer a syn:
A ninnau wrth dân yr hen fwthyn clyd
  Gyd-dreuliem ddiddanus awr
Yn adrodd ystraeon a helynt y byd
  Yng nghysgod y Simdde Fawr,
    O yr Hen Simdde Fawr!

Yn hanner-cwsg y breuddwydiai'r ci
  A'i lygaid yn hanner-cau;
A chanu ei chrwth wnâi Pws yn ffri –
  Yn llygad y tân ill dau.
'Roedd Mam efo'r droell, a nain efo'r gweill,
  A taid yn ei hwyliau'n awr;
A phobun â'i stori'n difyrru'r lleill
  Yng nghysgod y Simdde Fawr,
    O yr Hen Simdde Fawr!

Fry, fry, trwy dwll yn yr Hen Simdde ddu
  Fe welem y sêr uwchben –
Yn dawnsio fel nodau'r bêr-delyn gu
  A ddawnsiai tan fysedd Gwen:
'Roedd Gwenno fy chwaer mewn traserch â'r tant,
  A mynych i hwyrol awr
A lithrai mewn miwsig o'n gŵydd i bant
  Yng nghysgod y Simdde Fawr,
    O yr Hen Simdde Fawr!

Mae taid a nain, a'm tad a fy mam,
   Yn gorwedd yn erw Duw.
Darfu'r difyrrwch – er dirfawr nam,
   A Gwenno mwy nid yw.
Daeth rhyddiaith yr oes a balchder y byd
   Â'r hen fwthyn llon i'r llawr ;
Ond O ! 'rwy'n hiraethu o hyd ac o hyd
   Am gysgod y Simdde Fawr,
      O yr Hen Simdde Fawr !

J.T. Job

9.

Te Llysiau

Te llysiau rhad a llesol
   Oedd gan hen Gymry gynt ;
Pob clwyf a chlefyd marwol
   A gilient gyda'r gwynt.

Am ddognau dŵr meddygon
   Ni wyddai Cymru fu ;
Ond llysiau rhag clefydon
   A gedwid ym mhob tŷ.

Y milddail a ffa corsydd,
   Dant llew a wermod lwyd,
Criafol, llin y mynydd,
   A durol, faethol fwyd.

Rhag clefyd serch mae collen
   Yn fuddiol iawn, medd rhai ;
A dogn o frig y fedwen
   Wellhaodd lawer bai.

Te cryf o ruddin derwen
A wella galon wan ;
I 'stwytho tafod, aethnen
Yw'r orau ym mhob man.

Pen gwyntog, poen ac antics,
Llin onn a wella'r clwy ;
Ac os daw ffit o sterics,
Te teim am awr neu ddwy.

Cerddinen ddaw ag iechyd,
A dywed pwy fydd byw ;
Ac os am godi ysbryd,
Yr orau ydyw'r yw.

Llew Tegid

10.

Ar Ben y Lôn

Ar ben y lôn mae'r Garreg Wen
Yr un mor wen o hyd,
A phedair ffordd i fynd o'r fan
I bedwar ban y byd.

Y rhostir hen a fwria hud
Ei liwiau drud o draw,
A mwg y mawn i'r wybr a gwyd
O fwthyn llwyd gerllaw.

Ar Ben y Lôn ar hwyr o haf
Mi gofiaf gwmni gynt,
Pob llanc yn llawn o ddifyr ddawn
Ac ysgawn fel y gwynt.

Ar nawn o Fedi ambell dro
    Amaethwyr bro a bryn
Oedd yno'n barnu'r gwartheg blith
    A'r haidd a'r gwenith gwyn.

Ac yna, wedi aur fwynhad
    Tro lledrad ger y llyn,
Bu llawer dau am ennyd fach
    Yn canu'n iach cyn hyn.

O gylch hen Garreg Wen y lôn
    Bu llawer sôn a si ;
Ond pob cyfrinach sydd dan sêl
    Ddiogel ganddi hi.

Y llanciau a'r llancesau glân
    Oedd gynt yn gân i gyd
A aeth hyd bedair ffordd o'r fan
    I bedwar ban y byd.

Pa le mae'r gwŷr fu'n dadlau 'nghyd
    Rinweddau'r ŷd a'r ŵyn ?
Mae ffordd yn arwain dros y rhiw
    I erw Duw ar dwyn.

Fe brofais fyd, ei wên a'i wg,
    O olwg mwg y mawn,
Gwelais y ddrycin yn rhyddhau
    Ei llengau pygddu llawn :

Ar Ben y lôn mae'r Garreg Wen
    Yr un mor wen o hyd,
A dof yn ôl i'r dawel fan
    O bedwar ban y byd.

Sarnicol

11.

Llyn y Gadair

I gael y meddwl caeth yn rhydd,
  A'r galon brudd i gywair,
Effeithiol iawn yw diwrnod gwyn
  Ar hyfryd Lyn y Gadair.
Nid yw ei faint, nid yw ei liw,
  Yn cymell i'w ymylon ;
Ond nid oes lonnach llyn i'w gael,
  Na'r un mwy hael ei galon.

I'w lonni, ar y Gadair fawr
  Y fore wawr orffwysa ;
A gweld ei hunan yn ei ddrych
  Bob dydd ga'r uchel Wyddfa.
Ei fyrdd melynfrych bysg o'i fewn
  Yn hoenus ewn chwaraeant,
Ac weithiau i'r pysgotwr tlawd
  Eu nwyfus wawd ddangosant.

Cael awel rydd ar ddiwrnod llon
  I ddeffro'i donnau lawer,
Cael llithro dros ei fynwes fwyn
  Heb gofio cŵyn na phryder ;
Cael cwmni cyfaill cerddgar fryd,
  A medrus gyda'i enwair –
Mor ddifyr, ddifyr ydyw hyn
  Ar hyfryd Lyn y Gadair !

Alafon

12.

Cwm Eleri

Mae hen delynau yn y gwynt
　　Am ddyddiau gynt yn canu,
A llif Eleri yn y glyn
　　A'r niwl yn dyn amdani ;
Mi gerddaf eto'r llwybr cul
　　Lle plyg y mil mieri
Sy'n wylo ar yr adfail fawr
　　I lawr yng Nghwm Eleri.

Mae'r bompren eto fel y bu,
　　A'r llyn yn ddu o dani,
A'r clychau arian yn y rhyd
　　Yn dal o hyd i ganu ;
Ceir eto weld cwpanau'r mes
　　Yn rhes o dan y deri,
A gwylio nyth y crëyr mawr
　　I lawr yng Nghwm Eleri.

Os prin yw'r blodau dan y coed
　　'Fu dim erioed cyn dlysed,
Ond pan ddaw estron ar ei dro
　　Â heibio heb eu gweled ;
Blodeuant lle na chwardd y tes,
　　Ac nid oes wres a'u tery –
Mae'n hanner dydd pan dyr y wawr
　　I lawr yng Nghwm Eleri.

Mae'r ellyll eto yn y cwm,
 A'r ceubren llwm yn aros,
A chri tylluan gyfnos ha'
 Ddychryna y ddechreunos ;
A gŵyr y plant am gylchoedd fyrdd
 Yn wyrdd o dan y deri,
Mae'r tylwyth teg yn dawnsio'n awr
 I lawr yng Nghwm Eleri.

Mae'r hen ysbrydion megis cynt
 Ar ddieithr hynt i'w gweled,
A'r bwgan yn yr hugan oer
 O dan y lloer yn cerdded ;
A gwelir, os mai gwir y sôn,
 Rai dewrion yn pryderu,
A gwelwi'n fud dan geulan fawr
 I lawr yng Nghwm Eleri.

Ond O, mae lleisiau'r Cwm i gyd
 Yn fud o hyd i arall ;
Sibrydion hirnos yn y pant
 'D oes ond y plant a'u deall ;
Ac er ymhell ar lawer traeth,
 Daw hiraeth am y deri
Sy'n ysgwyd yn y storom fawr
 I lawr yng Nghwm Eleri.

J.J. Williams

13.

Gwibdaith ym Mro Goronwy

(Awst 1af 1904)

Mwyn yw cwrdd yn gwmni cu
    Ar dir lle bu'r Derwyddon
Yn mwynhau emynau hedd
    Cyn gweled cledd yr estron ;
A dyma gartre'r gân a'r gerdd
    Ac Ynys werdd y beirddion.

Tangnef sy drwy'r bröydd hyn
    Ar ddôl a bryn yn gwenu ;
Môr a thir ac awyr las
    Yn addas gynganeddu ;
A thyn yr Ynys serch di-baid
    Monwysiaid i'w mynwesu.

Cysegredig ydyw âr
    Yr Ynys hawddgar, annwyl ;
Ynddi plant athrylith gant
    Hunasant wedi noswyl,
A diri saint ei daear sydd
    Am doriad dydd yn disgwyl.

Pwy a gyfrif 'wŷr mawr Môn',
    Ei thirion, lewion luoedd –
Am eu dysg ac am eu dawn
    Yn enwog-iawn frenhinoedd ?
Plant yr Ynys oeddynt hwy –
    Morrisiaid mwya'r oesoedd.

Un o ddawn Llywelyn Ddu
A drechai gewri drichant.
Carai'i wlad a'i hanes hen
A llwydd ei llên ddiffuant ;
Awdur coeth, Gymrodor cu,
I'w genedl bu'n ogoniant.

Ond awen ddwys Goronwy Ddu
Yw balchder teulu'r Ynys ;
Ef oedd bennaeth cerdd ei wlad,
Yn ddeiliad awen ddilys,
Ac ym mri'r gelfyddyd fawr –
Sai'n flaenawr fyth i'n tywys.

Plethai'r heniaith yn ei grym
Yng nghainc ei edlym odlau ;
Gwyddai G'ronwy yn ddi-rith
Athrylith ei reolau :
Do, fe gadwodd yn ddi-graith
Odidog iaith ei dadau.

Llamu a wnaeth at Ddydd y Farn
I ŵydd y cadarn ynad ;
Lliwiodd ddarlun uthr ei wawr
O arwyl fawr y cread,
A llinellodd drem y llu –
Dau deulu'r llwyr ddidoliad.

Carai Fôn, ei 'dirion dir',
 Â chariad gwir, rymused ;
Hon, 'mal Seion', yn ddi-lys
 Fu Ynys ei Ofuned ;
Yn ei eurwawd 'Molawd Môn'
 Ei galon sydd i'w gweled.

Fab athrylith : er ei ddawn
 Eneidlawn a'i lân odlau,
Gwelodd helbul yn ei oes,
 A chroes a chwerw eisiau :
Ei gefn yn dlawd, ei fara'n brin –
 A'i delyn e'n rhoi diliau !

'Mado a wnaeth â gwlad ei fam,
 Dros foroedd – am ei fara ;
Ac yn Firginia huna'i lwch
 Mewn heddwch o'r mwyneiddia,
Yn disgwyl cwrdd, ddydd utgorn Iôn,
 Drigolion daear Gwalia.

Pan fo'r utgorn 'mingorn mawr'
 Yn galw'r dulawr deulu,
Pan fo Môn 'yn eirias fflwch'
 A'r cread trwch yn chwalu, –
Bydd awen cywydd mawr 'Y Farn'
 Uwchben y darnau'n canu.

J.T. Job

14.

Bwlch y Gwynt

Herfeiddiol glogwyn syth,
Mawreddog fyth dy drem ;
Chwardd balchder oesol ar dy ael
Dan haul ac awel lem ;
Dy gyfarch heddiw wnaf
Wrth gofio'r dyddiau gynt, –
Blynyddoedd hyfryd mebyd mwyn
Hen Glogwyn Bwlch y Gwynt.

Yng nghwmni cyfoed llon
Mor ysgafn fron â'r chwa,
Fath wynfyd ar dy gorun gawn
Ar lawer nawn o ha',
Gwasgarwyd llu o'r plant
Dros fryn a phant i'w hynt ;
Ni cheir ond atgof am eu swyn,
Hen Glogwyn Blwch y Gwynt.

Catrodau Llafur sydd
Foreuddydd gyda'r wawr
Yn deffro atsain ddyfna'th fron, –
Edmygedd calon fawr ;
Daw rhai ar elor drom
Yn ôl er siom o'u hynt,
Cei dithau wylo ffrydiau cŵyn,
Hen Glogwyn Bwlch y Gwynt.

Hen Gloch Sant Dewi sy
Yn canu wrth dy droed,
A thithau'n gwrando drwy dy hun
Mor gyndyn ag erioed ;
Gweld cau y cyntaf fedd
Gest ti o'th orsedd gynt,
A'r ola'n agor weli'n fwyn,
Hen Glogwyn Bwlch y Gwynt.

Daw eraill ar eu tro
A'u bryd ar ddringo'th ben ;
Gan dybio fod dy gorun bras
Yn taro glas y nen ;
Tydi yn aros gaf
Pan af i'm holaf hynt ;
Rho un ochenaid er fy mwyn,
Hen Glogwyn Bwlch y Gwynt.

Bryfdir

15.

Ar Forfa Rhuddlan

Wyf heno fy hunan ar fin Morfa Rhuddlan,
Tra huan yn euro y marian a'r môr ;
Y mynydd sydd hardded, a'i gyrrau agored
A melfed ei arffed yn borffor.

Fy hunan 'rwyf heno, fin hwyr yn myfyrio,
A cheisio atgofio y brwydro a'r brad ;
Rhyw gadfan ddieisior, o fynydd i faenor,
Fu'r arfor, a goror ddigariad.

Lle bu nos ar fynydd, a gwyll ar y glennydd
A'r wlad dan y treisydd du beunydd yn byw,
Ar feddau gwerinos, 'rôl oerni yr hirnos,
Blodionos y rhuddos geir heddiw.

Hwy ddewrion y trefydd, ac arwyr y ceyrydd,
A chewri y mynydd, mor llonydd eu lle !
A'r gweiniaid fu'n griddfan dan lif y gyflafan,
Cânt weithian ar Ruddlan orweddle.

Lle galwai rhyw wron anwylyd ei galon,
Wrth farw, yn oriau annhirion y nos,
Daw llanc yn ei draserch i gwrddyd â gwenferch,
I'w hannerch, ger llannerch gâr llinos.

Blagura gwyllt-flodau ar fil o feddrodau,
Rôl echrys aeafau yr oesau ; o hyd
Daw'r hafau diryfel o gyrrau y gorwel
A mêl ymhob awel, a bywyd.

Sarnicol

16.

Ar Bont Gul Llechryd

('Mae'r bont yn ddigon llydan,' meddai'r awdurdodau)

'Mae'r bont yn ddigon llydan' uwch y dŵr
Yn Llechryd hardd. Arafu fel erioed
Mae Teifi yma ; llifo'n ddofn, ddistŵr
Drwy uchel urdd ei phendefigaidd goed.
Arafed hefyd yma olwynion byd
Drwy lawnder haf, drwy lymder gaeaf oer ;
Ynfyd y neb a ruthro'n ddall drwy'r hud
Dan dywyn haul, neu olau dieithr loer.
Saf, a daw hiraeth dan dy fron fel nwyd
Am fywyd rhyw hen oesoedd pell eu gwawr ;
Ail Afon Amser weithiau yw'r ymchwydd llwyd,
A gŵr a'i gorwg arni'n nofio i lawr,
A llef Iwerydd brigwyn oddi draw –
Dyfnder yn galw ar ddyfnder yn ddi-daw.

James Evans

17.

Maesyfed

O gwrando, Faesyfed, mae Chwefrol oer
   Yn blino fy nhelyn wyw,
A minnau'n amddifad, dan haul a lloer,
   Lle gwelwyd fy nhadau'n byw ;
Dymunwn ddiddanwch a fyddai'n well
   Na miri rhyferthwy'r Wy,
Ond rhua'r gogleddwynt o'r bryniau pell
   Na ddylwn obeithio mwy.

Dan heulwen yr hafddydd mor dalfrig di,
   A'th roesaw yn wynfyd myrdd ! –
Yn nwfr dy ffynhonnau y chwardd dy fri, –
   Pe pallai, pwy gerddai'th ffyrdd ?
Pe baet ti heb feddau'r marchogion glân
   Syrthiasant ar erwau drud,
Pwy gofiai'th enw yng Ngwlad y Gân
   Heb i'w delyn wywo'n fud ?

Ond wele, Faesyfed, nid yw'n rhy hwyr
   It achub dy hun yn awr ;
Mae Cymru'n mynd rhagddi, a'r byd a'i gŵyr,
   Tyrd dithau i ddilyw'r wawr :
Os rhoddaist dy fronnau i fradwyr mall
   Ar lannau yr Edwy leddf,
Bu hynny yn ddigon o ddybryd wall –
   Tro, bellach, at amgen greddf.

Di gerddaist yn wrol i'r aerfa gynt,
   A'th feibion ar flaen y gad ;
Ni fedrai'r cadarnaf atal dy hynt
   Pan oeddit yn bur i'th wlad :
Gad heibio wamalu fel hoeden dlawd,
   Bydd wrol – Cymraes wyt ti ;
A chofia pa ddedfryd a rydd dydd brawd
   Os mynni ddirmygu'm cri

Tryfanwy

18.

Nant y Garth

Mae Nant y Garth yn para'r un,
   A'i rhodio lawer pryd
Y gwelir eto lanc a bun,
   Ond nid yr un yw'r byd.

Mae'r sycamorwydd heirdd a'r pîn
   A'r deri'n fwyn eu gwedd,
A'r llawryf glas oddeutu min
   Y ffordd yn delwi hedd.

Gwna Mai o hyd y ddraenen wen
   Yn dlos a phêr ei sawr ;
A chanu, canu, er dan len,
   Mae'r ffrwd wrth lifo i lawr.

O Wanwyn îr i Hydref syn
   Mor brydferth yw y coed !
A phan â'r Gaeaf trwy y glyn,
   Mor ysgafn yw ei droed !

Hyfrytach man o dan y ne'
   Nid oes na Nant y Garth.
Paham mae'm llygaid yn y lle
   Yn tynnu dirgel darth ?

Eis trwyddi ddoe, a'm cymrawd llon
  A dybiai 'mod i'n ffri ;
Ond llwyd aderyn rhudd ei fron
  A gathlai 'nheimlad i.

Rwy'n caru coed ac adar cân
  A ffrydlif Nant y Garth ;
Ond hedeg fyn fy meddwl syn
  O'r lle i arall barth.

'Tw-hŵ, tw-hŵ' o'r mud gyhûdd
  Ryw hwyr roes imi fraw –
Yn ateb cri tylluan brudd
  Y llwyn ger mynwent draw.

A thrist ysguthan ambell hwyr
  A glywais ynddi hi
Yn seinio cŵyn mewn cytgord llwyr
  Â chŵyn fy nghalon i.

Ai camwedd ydyw cwyno cyd ?
  A oes i hirgwyn warth ?
Mi garwn fod yn llon o hyd
  Yn llonder Nant y Garth.

Alafon

19.

Bro fy Mebyd

(Rhannau)

Croesaf y gamfa, a brig y Maen Bras,
Wynebaf adfeilion Tŷ Newydd, Cae Glas,
Tŷ newydd a hen ydoedd hwn cyn i 'nhaid
Roi llechi i'w doi yn lle crinwellt a llaid.
Ei weld yn gyfannedd a wnaf, er mor freg
Yw muriau y bwthyn fu unwaith yn deg ;
A gormod o orchest i ddanadl na drain,
Yw cuddio'r gogoniant fu gynnau mor gain.

Mae'r graig 'dros ei sawdl' yn taflu yn hy,
Er mwyn rhoi ei chysgod i gefn yr hen dŷ ;
A'r fagwyr o'i flaen mor herfeiddiol ei threm,
Nes dychryn y corwynt a'r gafod oer lem.
Mae'r gwrych wrth ei dalcen, er tyfu'n ddi-lun,
Yn talu yr ardreth â'i bersawr ei hun ;
A llwybrau yr ardd wedi glasu ers tro,
Fel cangau yr helyg a'r haf yn y fro,
Efeilliaid yw'r bwthyn a'r beudy o hyd,
A'r naill ar y llall yn ymorffwys yn glyd ;
Cysurant ei gilydd o hwyrnos i wawr
A deryn y mynydd yw'r unig wrandawr ;
Cofleidiaf y muriau, a thaflaf fy mhwn
I lawr ; castell clyd Bro fy Mebyd yw hwn.

Mae ffenestr y siamber fach weithian yn ddellt,
A mil o belydrau ar dreigl fel mellt
O bared i bared ; edrychais drwy hon

A'r haul fel diferlif o aur ar y don,
Ar longau yn croesi y Bar ar eu hynt,
A'u hwyliau yn falch o gymwynas y gwynt.
Gorweddai hen Forfa Llanfrothen mewn tarth,
Fel ysbryd awyddus i guddio ei warth;
A'r môr yn y pellter, fel dyfnder ar daith,
Heb neb ond ei Grëwr yn deall ei iaith.

Gollyngais fy enaid dros fryniau a choed
I ddilyn y llongau, a'r Cwm dan fy nhroed
Mewn breuddwyd digyffro; mae rhan wedi mynd
I beidio dychwelyd: am borthladd a ffrind
Bu fwyn y mordwyo; mae'r ymchwil o hyd
Yn swyno fy enaid wrth gadw ei hud;
A minnau yn beiddio pob tymestl gref
Gan ddisgwyl am hafan ddymunol y nef;
Nid oedd mynwent Ramoth na mynwent y Llan
Yn cyfrif bryd hwnnw: am gilfach a glan
Cyfeiriwn, tu hwnt i orwelion y Cwm,
Mewn gwregys o fryniau a gysgai yn drwm.
Anheddau gwyngalchog, gwasgarog, sy'n rhoi
Cyfaredd i'r llethrau gyferbyn; ymdroi
Wna swyn bywyd gwledig o fuarth i glos,
Ym merw y dydd a distawrwydd y nos.
Mae'r dwylaw fu'n pwytho y muriau yn wyw,
Hiraethu yn gêl a wna'r awel a'r yw
Ar gyfyl eu beddau, – y beddau nad oes
A'u hedwyn yn awr; nid yw'r angof yn loes
I neb ond y byw, ânt i mewn ar eu taith
I lafur y tadau heb arddel eu gwaith.

§

Wrth fyned ymhellach 'rwy'n dyfod yn nes
I wynfyd fy mebyd, a theimlaf ei des
Yn gwasgar yr oerni fu'n gwarchae mor hir,
Ar babell oedd fregus mewn dieithr dir.
Ym mywyd y fro adnewyddu a wnaf
Yr hudol ieuenctid a gollais ; daw'r haf,
Fu'n alltud yn hir, i fy ysbryd yn ôl,
Ym murmur yr afon a glesni y ddôl ;
A theimlaf y bryniau cymdogol fel cynt,
Yn gysgod rhag difrod y gafod a'r gwynt.

Gadawaf y llaid, gweddill stormydd y byd,
A gesglais wrth grwydro'n afradlon cyhyd, –
Gadawaf yr ewyn fu'n sarrug ei sen,
Ond cymaint o'i liw sy'n gaeafu fy mhen ;
Gadawaf y brwydrau a'r cyffro di-rôl
Wrth ddychwel i wynfyd fy mebyd yn ôl.
Dychwelaf yn llwm fel y troais fy nghefn
Er mwyn cael a gollais yn feddiant drachefn.
Hawddamor awyrgylch falm dawel y tir
Adfywia yr angel newynais mor hir ;
Hawddamor y fro na freuddwydiodd am fri ;
Bûm alltud ymhobman tu faes iddi hi.

'Rwy'n byw, nid yn bod, yn ei symledd a'i swyn,
A 'nghân fel y gog pan fo gwyrddlas y llwyn.
Mae'r llwybrau caregog yn esmwyth i gyd,
Wrth gerdded i mewn i'r Baradwys fu'n fud
I blentyn gaethgludwyd drwy ddŵr a thrwy dân,

A'i ddwylaw a'i delyn yn hir ar wahân.
Os bu'r ymadawiad yn ddolur i mi,
Hyd lwybrau'r dychweliad mae prennau di-ri
Yn tyfu, a'u dail yn iacháu f'ysig fron ;
Gilead y galon amddifad yw hon.

Daw'r hen ddymuniadau fel chwaon drwy'r coed,
A'u lleisiau mor beraidd yn awr ag erioed.
Maent hwy wedi cadw'u dechreuad yn bur
Dan wlith diniweidrwydd fy mebyd di-gur,
Breuddwydiaf freuddwydion y bore drachefn,
A'r haul ar y bryniau a'r awel yn llefn.
Daw pob gweledigaeth ar fynydd a dôl
Heb golli eu dwyfol gyfaredd yn ôl ;
A finnau yn ieuanc dan fedydd y gwlith
Sy'n aros yn goron ar fywyd di-rith.

Tarïaf yng nghysgod y Moelwyn a'r Foel,
Tra'r Arddu a'r Cnicht megis dwy anferth hoel
Ym mhared yr ardal, i grogi'r las nen
Groesawa y wawr mewn sidanwisg mor wen !
A theimlaf belydrau yr haul ar fy ngrudd
Mor fwyn â chusanau awelon y dydd ;
Ac ni ddaw ymachlud fin hwyr heb ei wrid, –
Gwrid tyner y rhosyn a'r plentyn di-lid,
A chysgu yn effro bob nos gaf yn nhref, –
Ynghwsg i bob gwae, ac yn effro i bob nef.

§

Dameg dlos ar ddechrau cyfrol
   Lwyr eglurir hwnt i'r llen,
Oedd fy mebyd cyfareddol
   Ym mro decaf Cymru Wen ;
Wrth ymdroi ymhlith y blodau
   Clywais leisiau dros y lli,
Yn gwahodd i well ardalau, –
   Dyna fro fy mebyd i.

'Dechrau canu, dechrau canmol'
   Gefais mewn awyrgylch bêr,
Nes i wawr y Byd Tragwyddol
   Lifo'n ddydd dros draeth y sêr ;
Gweld mewn drych ogoniant bywyd
   Bery byth dan ddwyfol fri :
Bro'r sylweddau difrycheulyd,
   Dyna fro fy mebyd i.

Cysgod y daionus bethau
   Ydoedd gorau f'ardal dlos,
Brofai'n Gosen ym myd barnau,
   Ac yn ddydd ar hyd y nos ;
Tir y grawnwin a'r pomgranad
   Swynai f'enaid, ni bu 'nghri
Ond dyhead am fynediad
   Llawn i fro fy mebyd i.

Porth y nefoedd fydd Cwm Croesor
    Pan ddaw'r alwad yn y man,
Yno ces feddiannu'r Trysor
    Bâr im sefyll yn fy rhan ;
Cefais olew yn fy llusern
    I fynd adref dros y lli,
Wedi dianc ar bob uffern, –
    Dyna fro fy mebyd i.

Bydd y Cwm yn rhan o'r canu
    Gorfoleddus ddydd a ddaw,
A'r gwirionedd wedi tyfu
    Drwy y ddameg ; nid oes fraw
Ar fy enaid wrth gyfeirio
    Tua glan y tonnog li,
Golau'r nef dywynna arno ;
    Dyna fro fy mebyd i.

Byw yn ieuanc ac yn hoyw
    Gaf ar fin y Grisial Fôr, –
Byw mewn angof o bob berw
    Namyn berw cân y côr ;
Mab y bryniau fyddaf yno, –
    Bryniau uwch na'n bryniau ni ;
Ni ddiffygiaf wrth eu dringo ;
    Dyna fro fy mebyd i.

Bryfdir

20.

Bwlch Derwin

Er na fedd brydferthwch daear,
Er na fedd enwogrwydd llachar,
Mae rhyw swyn a ddeil yn ddibrin
Wedi aros ym Mwlch Derwin.

Mynych yno hed fy nghalon
Ar adenydd chwim atgofion,
Ac mewn ambell hen gynefin
Oeda oriau ym Mwlch Derwin.

Ofer chwilio am wynebau
Rhai a welais hyd ei lwybrau ;
Ond parhau mae symledd gwerin
Iach a durol ym Mwlch Derwin.

Hawdd yw cofio hen dywysog
Cors y Wlad, a'i wyneb rhychog,
Blwch y nard na'r geiriau gerwin
Amlach dorrai ym Mwlch Derwin.

Gwelwyd yma wledda lawer
Ar ddanteithion o'r uchelder ;
Cafodd llawer gwael bererin
Iachawdwriaeth ym Mwlch Derwin.

Y mae llu o'r rhai fu ynddo
Gyda'r byd yn caled frwydro
Wedi mynd i wlad ddilychwin,
Uwch ei dwrw o Fwlch Derwin.

Alafon

21.

Llwybrau Bro Mebyd

Tyrd, gof, yn ffrind llednais, i gyrion a gerais,
Hyd lwybrau difalais a gerddais i gynt ;
Hedd-erwau diddorol yr awydd foreol,
Dan siriol faeth hudol fyth, ydynt.

Hen lennyrch fy rhyddid, aneon, dinewid,
Ŷnt hwy, – a diofid, dybygid, eu byw ;
Nid yw'r byd a'i helynt yn trystio fawr trostynt :
'Rhyn oeddynt (hawnt iddynt !) ŷnt heddiw.

O, dyner le dinod a thene'i fythynnod ! –
Ni chododd rhyfeddod i glod ym Mhant Glas ;
Er hynny pe gwelwn ei wawdio, mi lidiwn ;
A hwn a hawdd enwn yn ddinas.

Mi wela'r hen felin, oedd i mi'n gynefin,
Yn edrych fel dewin f'ai flin ac aflêr ;
A'r afon fach ryfedd ei rhin a'i chyfaredd,
Rôi wedd o ddŵr-liwedd ar lawer.

Awn heibio'r hen olwyn (nid yw yn ein hadwyn),
I wrando yr achwyn sy'n oergwyn Cae'r Nant ;
A gweled y gwyngyll roes enw i'r Nencyll,
A'r brithyll go unwyll ei geunant.

Gwêl draw Bant Glas Ucha'n mwynhau ei hen hafan,
Bryn Marsli a'r Cwmbran, yn lân a di-lol ;
Y Caerau'n cu arwain hyd ochor Bodychain –
Pob llain â'i harwyrain berorol.

Ond awn i lechweddau'r Graig Goch a'i grug lethrau,
Ei phoethwal, a'i phwythau o liwiau mor lân,
Lle gwelsom gŵn hynod Ynysfor yn gorfod
Rhoi clod i lwynogod anegwan.

I lawr wele feillion dôl dawel Tai Duon,
A'r hen gapel tirion sy drymson ei drem,
A'i fynwent o dywod, lle huna llu hynod,
A rhai o dai dinod adwaenem.

A dacw'r Llystynod, a'r Nencyll diymod,
A hwythau'r Derwinod fu rwysgnod y fro ;
Terfynau, Tŷ'r Dewin, a Phant Glas y Cennin ;
Bwlch Derwin i'r Llewin yn llywio.

Draw'r Hengwm a ery, uwchlaw y Mynachdy,
Lle gwelsom gnau'n tyfu i'n denu'n ddi-dwyll ;
Hen Gors y Wlad hawddgar, tre gwron y lwysddart,
Ac Edwart, gâi libart goleubwyll.

Llwyn Gwanad, ac Ynys rhyw Hwfa anhysbys,
A ddaliant yn ddilys ger Ynys yr Arch,
A'r esgud bur Ysgol a dynnai lu doniol
Amrywiol yn chwifiol i'w chyfarch.

Ac wele'r drig hwylus, Gyfelog ofalus,
A fyddai mor foddus roesawus ei sŵn ;
A deil fyth y diliau, y dorus fwynderau,
Y doniau, a'r geiriau a garwn.

Tan y Ffordd yn yr unfan, a Than y Foel ddiddan,
A Phont Ynys Bowntan yn gyfan, a gaf, –
Hen Ynys eneiniwyd : yr hwyl ar ei haelwyd
Ddi-annwyd hi gafwyd a gofiaf !

O, gân y teg enwau, tyn atat y nodau,
'Rwy'n awr dan rin oriau y dyddiau brwd, iach :
Arhoaf i'r awyr o'm hogylch ymegyr,
A chyffur sŵn difyr sain Dwyfach.

Alafon

22.

Llanfihangel Genau'r Glyn

Un hwyrnos arw o wynt a glaw,
A memrwn melyn yn fy llaw,
Disgynnodd trem fy llygaid syn
Ar Lanfihangel Genau'r Glyn.

Rhyw rin oedd yn y gair a'r gwynt
A'm dug yn ôl i'r dyddiau gynt –
Yn ôl i fore mebyd gwyn
Ger Llanfihangel Genau'r Glyn.

A throdd y memrwn hen ei raen
Yn femrwn arall, gwyn, o'm blaen ;
Ac ar bob dalen erbyn hyn
'Roedd Llanfihangel Genau'r Glyn.

Anghofiais dwrf y gwynt a'r glaw,
Â'r memrwn hwnnw dan fy llaw ;
Ond clywais sŵn y pistyll gwyn
Ger Llanfihangel Genau'r Glyn.

Mi welais engyl gwyn eu gwawr
Ym mhlygion y cymylau mawr ;
A drws y nef ar ben y bryn
Uwch Llanfihangel Genau'r Glyn.

Mi glywais furmur pell y môr,
A gwelais arch o flaen y ddôr,
A rhywun arni'n wylo'n syn
Yn Llanfihangel Genau'r Glyn.

Mi glywais ganu cloch y Llan,
A gwelais dorf yn cyrchu'r fan,
A'r hen offeiriad yn ei wyn
Yn Llanfihangel Genau'r Glyn.

Mi welais feirwon rif y gwlith,
A'm hen gyfoedion yn eu plith,
Yn cysgu'n dawel dan yr ynn
Yn Llanfihangel Genau'r Glyn.

Mi glywais lawen chwarae plant,
A chri tylluan yn y pant,
A sgrech yr ysbryd wrth y llyn
Ger Llanfihangel Genau'r Glyn.

Tyrd eto, wynt, tyrd dithau, law,
Nid ofnaf mwy beth bynnag ddaw ;
Gall f'ysbryd ddianc pryd y myn
I Lanfihangel Genau'r Glyn.

J.J. Williams

23.

Bwthyn Clyd ym Meirion

Ym moethau'r byd a gorwych dai
   Mae rhai yn rhoi 'u gobeithion ;
Mae godidowgrwydd tref a gwlad
   Yn rhoi mwynhad i'w calon.
Ond gwell gen i gael dwyn fy myd
   Mewn bwthyn clyd ym Meirion.

Fe grwydra eraill wledydd cred,
   Eu hyd a'u lled yn gyson ;
O'u gwlad eu hunain ânt ymhell
   I geisio gwell cysuron ;
I mi 'does unman yn y byd
   Fel bwthyn clyd ym Meirion.

Mae trefi a dinasoedd cu
   Yn denu llu o ddynion,
Gan addo iddynt fywyd bras
   Yn llys a phlas y Saeson.
Mil gwell i mi na'r rhain i gyd
   Yw bwthyn clyd ym Meirion.

Mae swynion senedd, llys a llan,
   Yn gwneud rhai gwan yn ffolion ;
Hwy werthent Gymru wen a'i dysg,
   Am fynd i fysg y mawrion.
Mi werthwn i holl fawredd byd
   Am fwthyn clyd ym Meirion.

Er chwilio'r byd i gyd o'i gwr,
   A chasglu twr o foddion,
A mwynhau sedd ar fainc pob sir,
   A braster tir yr estron,
Anrhydedd uwch na chlod y byd
   Yw bwthyn clyd ym Meirion.

Llew Tegid

24.

Cerdd yr Alltud

Profais swynion gwlad bellennig,
   Gwelais degwch llawer bro ;
Crwydrais erwau cysegredig
   Fel afonig lefn ar dro ;
Ond ar lenni fy myfyrion
   Erys un olygfa lân,
Am fod Cymru yn fy nghalon
   Cymru erys yn fy nghân.

Ysblanderau prif ddinasoedd
    Byd edmygais ar fy hynt,
A'u pinaclau yn y nefoedd
    Megis cad ar lwybrau'r gwynt ;
Rhof y cyfan mewn llawenydd,
    Er nad wyf ond crwydryn llwm,
Am y gorlan ar y mynydd,
    Am y capel yn y cwm.

Gyda syndod mud gwrandewais
    Salmau clodfawr temlau Dysg ;
Wrth eu pyrth yn daer deisyfais
    Am gael cyfran yn eu mysg ;
Eu cyfnewid yn y farchnad
    Wnaf ar encil balchder ffôl,
Am hen Ysgol Sul fy mamwlad,
    A'r Gymanfa ar y ddôl.

Eled rhwysg y byd a'i rodres
    Dan faneri lliwgar fyrdd ;
Rhowch i minnau yn yr heuldes
    Fwthyn ar y llechwedd gwyrdd ;
Ni ddymunaf namyn swynion
    Cyfareddol Gwalia lân ;
Am fod Cymru yn fy nghalon
    Cymru erys yn fy nghân.

                                        Bryfdir

25.

Cathl yr Alltud

Mi garwn roi tro hyd erwau y fro
Lle cefais fy magu wrth Efail y Go';
Mae'r pistyll a'r nant, cyfeillion y plant,
Yn gwahodd bob amser ar dyner fwyn dant;
Ond dyma fy nghlwy, nid oes onid hwy
Rônt seiniau croesawol yn ôl i'r hen blwy.

Mae'r dderwen fel cynt, a'i gwallt yn y gwynt,
Yn gwylio'r blynyddoedd yn myned i'w hynt;
Mae'r hen Garreg Wen yn syllu i'r nen,
Mewn hiraeth am rywrai fu'n dringo i'w phen;
Ond dyma fy nghlwy, nid oes onid hwy,
Estynnant eu breichiau hyd erwau'r hen blwy.

Ar osber a gwawr, o'r hen glochdy mawr,
Galwadau cywirdant a lifant i lawr;
Ond huno mewn hedd yn 'stafell y bedd
Mae 'nghyfoed yn farw a gwelw eu gwedd;
O barch iddynt hwy mi gerddaf dan glwy
I ogrwn fy nagrau hyd erwau'r hen blwy.

Bryfdir

26.

Yn ôl i Gymru

Wrth dramwy tir estron o'r deg Geredigion,
Fu gymaint ei throion, ei gwaeon, a'i gwg,
Er mynych rodianna ymhell ar fy ngyrfa,
Ni chilia fy Ngwalia o 'ngolwg.

I fron y gwladgarwr mewn alltud, O Gletwr!
Mor hyfryd mewn atgof yw dwndwr dy don;
A'i galon ar brydiau dry'n ôl at dy lannau
Er rhwystrau di-rif o dir estron.

Siôn Cwilt, ochrau moelion, glodforir gan feirddion
Tra pherthyn i Siôn ddefaid gwynion a gwâr;
Y plant fu'n ei esgyn a garant ei gorun,
Tra'i redyn yn gartre i'r adar.

Mor fwyn yw y gaeaf ar lennydd pur-lanaf;
A hyfryd a braf yw naws haf Ynys Wyth;
Ond Cymro fyn drydar, a llefain yn llafar
Mewn galar am dalar ei dylwyth.

Rhai garant y dolydd a llennyrch y coedydd,
Ond rhyddid y rhosydd a'r mynydd i mi;
Gwell bore'r aberoedd na nos y dinasoedd,
A dyfroedd y llynnoedd i'm llonni.

Mae blodau mireinwedd, a llysiau melyswedd,
Yn ninas y rhyfedd wastadedd a'i stŵr;
Ond ciliaf i hafod y bryniau anhyglod,
Preswylfod mudandod, o'i dwndwr.

Fe dyf y winwydden cyn fwyned â'r feinwen
Yn wyneb yr heulwen ger talcen y tŷ ;
A chlywaf yn agos orhoian yr eos,
Rhwng deilos, a'r cyfnos yn cefnu.

Ond, Walia anwylaf, o'm cyni y canaf,
Dy foelydd tylotaf a garaf i gyd ;
Fy llygaid dramwyant i'r bryniau a'u rhamant,
Ac yfant ogoniant y gweunydd.

Hen wlad fy nhylodi ! fan hael ar fin heli !
Hen fro fy rhieni rhoer imi yn rhan ;
Wen wlad, fy ngoludoedd yw nawdd ei mynyddoedd,
A dyfroedd ei moroedd yw'm harian.

I Walia dychwelaf, er garwed ei gaeaf,
Ei bryniau hawddgaraf ddymunaf i mwy ;
Yng Nghymru drafferthus fy nghalon a erys,
Yn hapus a boddus tra byddwy.

Fy mwth fydd o ddifalch ddihongar liw gwyngalch,
A draenen ei dalcen i'r fwyalch a fydd ;
Fy aelwyd fo helaeth, ac imi'n beroriaeth,
Gerddoriaeth bêr odiaeth yr hedydd.

Fy hafddydd o hinon orffennaf ger ffynnon,
A lama'n fwrlymon mor loywon i lawr ;
Tra huan dros derfyn y gorwel aur-felyn
I'r ewyn ar gychwyn yn gochwawr.

Sarnicol

27.

A yw Dewi yn yr Ŵyl ?

(Gŵyl Ddewi, 1926)

Daeth y Gwanwyn eto i'n pau
A'i dirion flodau'n dilyn ;
Canu'i ffliwt gerllaw fy nhŷ
Wna'r deryn du pigfelyn ;
A daeth Gŵyl Ddewi ar ei thro
A'i dwylo ar y delyn.

Byth ni ddiffydd coffa'r Sant
Ar delyn plant yr henfro ;
Cerdda'r Ŵyl o'r oesoedd gynt
Fel dwyfol wynt drwy'r wenfro :
Heddiw am Ddewi mawr yw'r sôn
O bentir Môn hyd Benfro.

Penfro biau lwch y Sant –
Ymffrostia'i phlant yn hynny ;
Ond – ai byw ei ffydd a'i waith ?
Ac a yw'r iaith yn ffynnu ?
Cyfwerth bost ag ewyn ton –
A'r enaid bron â rhynnu !

Hau tosturi'n enw'r Ffydd
Wnâi Dewi 'm mröydd tlodi ;
Dwyn i'w wlad Efengyl wiw
Ac adain i'w chysgodi :
Nefoedd calon Dewi Sant
Oedd gweld ei phantiau'n codi !

Od yw Dewi yn yr Ŵyl
   Yn gwrando'r hwyl a'r elwch, –
P'run ai storm sy dan ei fron,
   Ai, ynte, llon dawelwch ?
Ystyr, Gymru ! A dilyn di
   Y Golau a'th ddiogelwch.

Boed dy fron a'th fryd yn lân,
   A gochel fân ymrafael ;
Meithrin hunan-barch y doeth
   A chyfoeth pob dyrchafael :
Fyth yn d'etifeddiaeth gu,
   O Gymru ! Dal dy afael.

J.T. Job

28.

Ymdaith Capten Llwyd

Dathlwn glod ein cyndadau,
   Enwog gewri Cymru Fu,
Gwŷr yn gweld y seren ddisglair
   Trwy y cwmwl du,
Ar ôl llawer awel groes,
Atgyfodwn yn ein hoes,
   Hen athrawon dysg a moes Cymru Fu.

   Sain cerdd a chân
   Hen Gymru lân
Heddiw lanwo Gymru wen, Cymru lân
Plant Cymru fu, hen Gymru gu,
   Codwn enw Cymru lân.

Bonedd gwlad gyda'i gwerin,
Foesymgrymant ger ei bron,
Merched mwyn a llanciau
Roddant ged ar allor hon ;
Dewch â'i thelyn feinlais fwyn,
Hen alawon syml eu swyn,
Adlais odlau grug a brwyn Cymru Fu.

Sain cerdd a chân &c. &c.

Llew Tegid

29.

Trin yr Ardd

Diolch am ddydd o ryddid,
Heb neb na dim yn gwahardd,
I 'mollwng i'r hen gelfyddyd
A gâr pob hen gyfaill gardd !
Ymaith, ti bin sgrifennu,
Chwi lyfrau, arhoswch draw :
Dydd ydyw hwn wedi ei bennu
Yn ddiwrnod y fforch a'r rhaw !

Chwi, sydd â'ch bryd ar ofwyo
Gwychderau y dref neu'r wlad,
Na ddeued dim i andwyo
Eich darlun o lon fwynhad.
Nid wyf yn eiddigeddu
Wrth feddwl amdanoch chwi :
Gwelech chwi'r llon gordeddu
Rhwng mwynder fy ngardd a mi !

Gwenu mae'r pridd fu yn cysgu,
    O'i ddeffro i newydd waith, –
Boddlon i'w drin a'i addysgu,
    A'i arogl yn groesaw llaith ;
Gwenu mae'r coed sy'n blaguro,
    Gan addaw eu ffrwyth di-glwy, –
Diolch am weled y curo
    Ar y chwyn fu'n eu blino hwy.

Pyncio'n foddhaus hyd y brigau
    Mae'r adar uwch gweryd ir ;
A chwerthin yn sŵn eu canigau
    Mae Ebrill mewn mwynder gwir ;
Cyffwrdd fy ngrudd yn chwaraeol
    Mae ysbryd y Gwanwyn glân ;
A dangos eu diamheuol
    Foddineb mae'r blodau mân.

Pleser yw'r trin a'r manylu, –
    Mwynhad yw'r llafur i gyd ;
Yma 'does dim yn cymylu
    Ffurfafen fy encil clyd.
Sibrwd o'm cylch mae addewid
    Am degwch a llonder Haf ;
Melysach na hyn yw'r newid,
    A'r gwenau o'r pridd a gaf.

Hawdd ydyw credu ystori
    Y bell baradwysaidd ardd :
Beth oedd yn well i ddiddori
    Y newydd greadur hardd ?

Diolch fod gardd ar y ddaear
O hyd, er y chwyn di-ri ;
A diolch am ddyddiau claear
I hudo'i hyfrydwch hi !

Alafon

30.

Chwarae Bando

Daeth hen atgofion gant
Un nos fel engyl heibio,
A chofiais am y plant
Fu gynt yn chwarae bando.

Pedwar ar hugain o blant y wlad,
Deuddeg bob ochor oedd yn y gad ;
Dacw y cotiau i lawr ar frys,
A'r ddwyblaid yn ymladd yn llewys eu crys.

Mae llygad pob un ar y bêl yn awr,
A chydia pob un yn y bando mawr ;
Mae pob un yn barod i wneuthur a all
I'w gyrru o un garreg filltir i'r llall.

Dacw hi'n cychwyn fel mellten i'w thaith,
Nid mellten ddiniwed ydoedd hi chwaith ;
Gweiddi fel porchell wnâi Wil Tŷ'n y Wern
Fod y bêl wedi disgyn ar ochor ei gern.

'Ati hi, fechgyn!' medd Mocyn Tŷ Mawr;
Ar hyn dyma rywun yn rholyn ar lawr;
Un arall yn tynnu o chwith ac o dde
Wrth geisio rhoi'i figwrn yn ôl yn ei le!

'Cadw dy ochor!' medd Deio Llwyn Trist,
Ar hyn dyma ergyd ym môn ei glust,
A'r bêl yn chwyrnellu yn ôl a blaen,
A llwch yr heol fel cwmwl ar daen.

'Ati hi, fechgyn!' medd hogyn go fawr,
Mae'r hen garreg filltir yn ymyl yn awr;
Dacw Twm Bryn Eithin â'r bêl i dre,
A phawb oedd yn fyw yn gweiddi 'Hwrê!'

    Do, daeth atgofion gant
        Fel engyl mebyd heibio;
    Ple heddiw mae y plant
        Fu gynt yn chwarae bando?
                J.J. Williams

31.

Mwyara

Morys! gad y mêl i'r melwyr,
A'r mydylau i'r medelwyr;
Dere dithau â'r basgedi
I gynhaea mwyar Medi.

Awn i gasglu am y glewa
Lle mae'r mafon duon dewa ;
Dere, was ! A chei'n y drysi
Yn ei flas y gwin a flysi.

Edrych ! 'weldi'r pyngau'n llathru !
Ond ymbwylla – rhag eu mathru ;
Oni cherddi di'n fwy ara,
Anodd, Morys, fydd mwyara.

Dal i hel. Ond gochel hafog
Sydyn aml fieren grafog ;
Y mae pwyll a dyfalbara
I'w harferyd wrth fwyara.

Bellach, Morys, aros ennyd !
Yn dy fasged faint sy gennyd ?
Wancus walch ! Cais ddwfr a sebon –
'Rwyt cyn ddued bron â'r ebon !

J.T. Job

32.

Hen Gerddi'r Werin

Hen gerddi gwerin Gwalia,
Nid oes eu hail, mi ddalia' :
Pwy yn eu gwerth a'u gwir fwynhad
O filoedd gwlad na falia ?

Mi glywais gerddi gwerin
Yr Alban falch ac Erin :
I'n cerddi ni nid nes y rhain
Na thwrw brain Gwytherin.

Yr annwyl inna' hefyd !
Ein cerddi pwy na threfyd ?
Gwna'r 'Hen Ŵr Mwyn' a'r 'Gwcw Fach'
Wyw glaf yn iach o'i glefyd.

Hen gerddi gwerin Cymru,
O ddyddiau'r uwd a'r llymru,
I'w galw hwynt o'r ciliau rhwd
Daw amryw'n frwd eu hymru.

Rhyw freuddwyd pêr a gefais,
Hyd oni lafar lefais, –
Gweld Doctor Lloyd yn lluchio sêr
I'r *diva*, Mary Davies.

Drigolion gwlad y canu,
Yn lle pob gwag fychanu
Rhown groeso i'r hen gerddi prin
A ddenir i'n diddanu.

Alafon

33.

Y Baledwr

Ha, dacw'r hen faledwr
    Yn dyfod ar ei hynt !
Bu yma droeon yn y fro
    Yn hoyw a thalsyth gynt.
Ond, heddiw, cefngrwm ydyw,
    Dan faich blynyddoedd hir ;
Ac mor grynedig ydyw llais
    Yr utgorn arian clir !

Mae gennyf gof amdano
    Yn canu yn y ffair,
A galw rhes o gerddi hen
    Â miwsig ym mhob gair.
Ymdyrrai'r dyrfa ato
    I geisio'r 'Gwenith Gwyn,'
A 'Morgan Bach,' a'r 'Ferch o'r Sgêr,'
    A gwrando arno'n syn.

A daliai yntau i ganu,
    A'i sypyn dail ar ffo ;
Canu, a dal ei gerddi chwim,
    A gwerthu, yn ei dro ;
Canu a dal i ganu,
    Yn glir ei dinc a'i air –
'Y Ferch o Langyfelach lon,'
    A 'Ffanni, Blodau'r Ffair.'

Mae gennyf gof amdano,
   Nos Sadwrn, yn y cwm,
A 'nhad yn dod ag ef, liw nos,
   I mewn i'n bwthyn llwm.
Nid llwm oedd bwthyn melyn
   Â Lefi'n codi'r hwyl;
Yr hen 'Gyfamod' ar ei fin,
   A'r teulu'n cadw gŵyl.

Mor felys ydyw'r atgof
   Am ddyddiau crwydr a chân
Yr hen faledwr diddan, tlawd,
   A lonnodd Ddyfed lân!
Mor felys ydyw atsain
   Y llu baledau mwyn
Sy'n dal i ganu yn fy nghof,
   A'u su'n ddiddiwedd swyn!

Ond dyma Lefi eto
   Yn dyfod ar ei daith!
Mae yma un i'w dderbyn ef,
   Ar ôl ei grwydro maith.
Mae 'nhad yn gorwedd heno
   Yn llonydd erw Duw;
Ond fe gaiff Lefi'r croeso gynt,
   Er mwyn ei goffa byw.

Yr hen faledwr llwydwyn,
   Ei gi a'i tywys ef,
Cans dall yn awr yw'r llygad mawr
   A syllai'n wyneb nef.

Mae'r dwyster sy'n ei ysbryd
 Yn welwder ar ei rudd;
Ac O, mor dyner yw ei lais
 Yn canu 'Toriad Dydd'!

Fe groesodd dros yr hiniog
 I'w hen ddymunol fan;
A rhoddwn innau ysgwydd gref
 Dan fraich yr henwr gwan.
Ond, ar y wawr, rhoes angau
 Ail wrid i'w welw raen;
A thybiwn glywed yn y nef
 Adlais ei olaf faled ef,
Drwy'i hawyr dêr ar daen.

       Gwili

34.

Nat, y Gwaddotwr

Pwy yw'r gŵr sy'n ara' grwydro
 Dolau'r henfro wrtho'i hun,
Cyn i'r cynnar wlith ymado,
 Cyn bo'r ednod ar ddihun?
Yng ngoleuni llwyd y bore,
 Draw ar gaeau'r gwanwyn gwiw,
Wele rywun ar ei ore –
 Nat, yr Hen Waddotwr yw.

Fel hen yswain mewn myfyrdod
   Cerdda'i stad ; a'i farf yn wen ;
Hug y twrch sydd iddo'n wasgod,
   Hug y twrch sydd am ei ben.
Crom ei war, ond cry'i esgeiriau,
   Tenau'i glyw, a'i drem yn glir :
Saif yn arwr mil o frwydrau
   Gyda thyrchod glewa'r tir.

Yn yr hwyr ei fagl bartoa
   Yn ei fwth wrth dân o fawn ;
Ac mewn hwyl fe gâr chwedleua
   Am ei wyrthiol rôl o rawn.
'Dyma fo !' ebr Nat mor hirben,
   'Wychaf rawnyn meirch y fro :
Cwlwm marw gwddw gwadden,
   Myn y faeden ! Dyma fo !'

Am ystranciau'r tyrchod cyfrwys
   Y breuddwydia'r nos mewn nwy' ;
Ail yw ef i ddewin tradwys
   Yn eu cyfrin-gyngor hwy !
Bore trannoeth, draw o'r caeau,
   Dychwel Nat i'w fwth drachefn
A chynhaeaf ei groglathau
   Yn ugeiniau ar ei gefn.

Y mae'r tylwyth heddiw 'allan'
   Hyd eu strydoedd : eglur yw ;
Dacw sigl a chynnwrf weithian
   Yn y glaswellt – Nat a'u clyw !

Gwenu a wna wrth weld twmpathau
   Yma a thraw yn codi o'u hôl ;
Ac fe chwardd – a'i holl groglathau
   Yn fuddugol ar y ddôl !

Hen wehelyth o Waddotwyr
   Oedd ei dad a'i deidiau ef ;
Ceidw Nathan yntau'n bybyr
   Urddas yr olyniaeth gref :
Ac ar lwybr yr un gyfrinach
   Cerdda Deio, 'i fab, o'i ôl –
Yntau a dwng – 'Tra pery'r llinach
   Bydd Gwaddotwr ar y ddôl.'

J.T. Job

35.

Dafydd Grwydryn

Un medrus iawn oedd Dafydd
   I hel ei damaid beunydd :
Ni chrwydrodd neb o sir i sir
   Yn siwrach gwir fesurydd.

Â'i enw fe gysylltid
   Y fwyaf Waen adwaenid ;
Ond ef oedd Ddafydd fwyn Pob Man,
   A'i wraidd o dan ei ryddid.

Fe dybiai rhai o'i weled
   Nad oedd â hwynt cyn galled ;
A thynnai pob rhyw ran o'u stôr
   Dôn newydd o'r diniwed.

CYMERIADAU

Ni welwyd ef yn garpiog
Gan gŵn na phobol frathog :
Fe hudai'r gôt a hoffai gael
O gist gŵr hael yn gastiog.

Ei dafod oedd felfedaidd,
A'i foes yn foneddigaidd ;
Ond taflai ddiolch ambell dro
A'i oerni'n o haearnaidd.

Ni cheisiai'r gwryn geiriog
Ond 'dima bach ne' geiniog';
Ni chymrai geiniog ddôi mewn stŵr
O feddiant gŵr anfoddog.

Gofynnai wedi derbyn,
Gan ddal y darn gyferbyn,
'Ydach chi'n siŵr y medrwch droi
O'i adael, a rhoi wedyn ?

'A fuoch chi yn Stiniog ?
Mae hwnnw 'mhell gynddeiriog ;
Ewch yno os y daw byd gwan :
Mae'n gynnes fan am geiniog.'

Mewn odyn glyd fe'i gwelais,
Am lety ar ei falais,
Ac ef a'r llanciau'n fawr eu dawn,
A difyr iawn eu dyfais.

Fe dynnodd y dilledyn
   Oedd nesaf at ei gorffyn ;
A chanddo, am resymau mân,
   Fe'i rhowd ar dân yr odyn.

Fe wyddai Dafydd ddehau
   Ple byddai, a'r effeithiau :
Fe wyddai na châi ado'r fan
   Yn ddigrys dan ei ddagrau.

Mae yntau wedi myned,
   Heb adael llawer called :
Hai lwc ei fynd o ffordd Pob Man
   I lan lle bydd fodloned !

Alafon

36.

Elis o'r Nant

Cymeriad rhamantus oedd Elis ddi-frad ;
Ni welir ei hafal byth mwy yn ein gwlad ;
Bu'n coledd llenyddiaeth dan lwydni y wawr,
Cyn geni oraclau sy'n ddeddfau yn awr.
Bu'n llyfrgell symudol, heb reol na threfn, –
Ei ffon dan ei law, a'r hen fag ar ei gefn ;
Hysbysai'i ddynesiad yn hynod o blaen ;
Cyrhaeddai ei floedd rai milltiroedd o'i flaen !

Os cloff oedd o'i glun, ac os gwyrgam ei goes,
Bu'i dafod yn ystwyth drwy gydol ei oes ;
Dywedai ei feddwl heb gysgod o drais,
A'i glychau yn canu ar binacl ei lais.
Os gelyn adwaenai mewn dyn ('doedd waeth pwy),
Ni fynnai gymodi â hwnnw byth mwy ;
Rhôi lygad am lygad a dant rôi am ddant –
Un felly yn hollol oedd Elis o'r Nant.

Os cyfaill – wel, cyfaill drwy'r tenau a'r tew ;
Ni fynnai'r hen Elis hel dail na hel blew ;
Ychwaneg o'i debyg roesawem yn llon ;
Bu'n wreiddiol mewn oes arwynebol fel hon.
Dros Arwest Geirionydd bu'n ffyddlon a brwd,
A chadwodd ei chleddyf yn gleddyf di-rwd ;
Mae'r meini'n amddifaid ar erchwyn y llyn,
A Chowlyd ac Elis dan blygion y glyn.

Ei gof oedd yn gronfa o geinion ein hiaith ;
Mae llewych rhai gemau yn wrid ar ei waith ;
Ond gwrando ar Elis gyfrifem yn wledd,
A'r fflam yn ei lygad a'r cuwch ar ei wedd.
Ei anadl oedd fyr a Glyn Moab yn faith,
Pan welais ei rudd ryw brynhawnddydd yn llaith :
Bydd atgof 'mhen blwyddi yn taro ei dant
I alw am bennill i Elis o'r Nant.

Bryfdir

37.

Yr Hen Fron'r Erw

Bychan oedd Yr Hen Fron'r Erw –
  Eiddil, crwm ;
Cludodd trwy ei fywyd chwerw
  Faich oedd drwm.
Dyna'i enw ar ei dyddyn,
  'Cramen sâl' :
Ni fu'r perchen ddiwedd blwyddyn
  Heb ei dâl.

Codai'n fore, gweithiai'n galed
  Hyd yr hwyr ;
Ni cha'dd llawer fwyd cyn saled,
  Nef a'i gŵyr.
Am y rhent a'r mân ofynion
  Cofiai fyth ;
Ofnai weld cyn hir 'rhyw ddynion'
  Wrth ei nyth.

Ef, o bawb a welai huan
  Mawr y nef,
Oedd y dinod waelaf druan
  Ganddo ef.
Anair i'w anifail roddai
  Yn y ffair :
Pob canmoliaeth a ddiffoddai
  Gyda'i air.

Ar ei gorff roedd ôl y teithio
    Hyd y tir;
Ar ei ddwylo ôl y gweithio,
    Oedd, yn glir.
Iddo beth fuasai fyned
    Môn i Went,
Os y gallai ef, oedd hyned,
    Hel y rhent?

Mynd i'r capel, er y blinder,
    Fynnai ef;
Ac ni chlywid sŵn gerwinder
    Yn ei lef.
Hen bererin hoff Bron'r Erw!
    Mae'n beth syn,
Prin mae'n cofio am y berw
    Erbyn hyn.

Alafon

38.

Yr Hen Ieuanc

'Mae'r sawl sy'n ffafr y duwiau yn marw'n gynnar,'
 Eithr ni ddaw awr eu tranc yn gynnar chwaith;
Cans oed fy ffrind oedd naw a phedwar ugain,
Ac ef yn dirf ac ir hyd ben y daith;
Gwanwyno fwyfwy a wnâi'i feddwl rhywiog:
Blaendarddai'r blagur ddail o awr i awr,
A'i ysbryd hoyw fel anadl anfarwoldeb
Yn siglo'r llwyni briglas yn y wawr;

Byr gof am droeon salw ; pardynwr parod ;
Ei fryd ar antur newydd i'r dieithr pell ;
Nid drach ei gefn ond rhagddo yr edrychai
A'i obaith cryf yn creu dyfodol gwell ;
Bu farw yn ieuanc ŵr wyth deg a naw :
Cadwasai gwên y duwiau henaint draw.

Moelwyn

39.

Wil a'i God

'E farw Wil, cefnoca'r fro – a gadael
 Y god a oedd ganddo,
 A daeth bagad yma, do,
 O'i dylwyth i gyd-wylo.

Ar ei elor oer wylant – ac ar fin
 Gro'i fedd ocheneidiant,
 Ond, rhwng dyfnion gwynion gant
 Ei goden a lygadant.

I elw ei rym Wil a rodd – a'i hir oes
 Ddi-wraig a gysegrodd
 I'w ddilyn, ac addolodd
 Y garn o aur a grynhodd.

Am ei god pa ymgydio ! – a'i dylwyth
 Yn dal i ymruthro
 Ym modd y Fall am eiddo
 'R enwog Wil, druan ag o !

At hyn, fel barcutanod – ar antur
  A wyntia furgynnod,
Ym merw gwanc am aur y god
Daw'r anniwall dwrneiod.

O aeth mawr y tylwyth, mwy – pa lefain !
  Gyrr plufwyr bras arlwy –
Annidwyll hil ofnadwy –
Â'r god o aur gyda hwy.

O hyd 'e lŷn dylanwad – Wil a'i aur
  Er eu blin ddiflaniad
Yng nghweryl ac anghariad
Chwerw ei lwyth hyd ochr y wlad.

Sarnicol

40.

Rhiain Rhostryfan

Mi fûm ar neges heddiw
  Ym mwthyn Tan y Fron,
Lle mae 'nghyfnither Elin
  Yn magu'i theulu llon ;
A brysio adre'r ydwy',
  Fel geneth efo'i thasg, –
Mae gen i ddillad newydd
  Nas gwelwyd Sul y Pasg.

    Mae miri cywion adar
      Ym mhicall Wernlas Ddu ;
    A rhoed i eraill hefyd
      Fod wrthi'n 'trwsio'u plu.'

Mi welais ŵyn Caerodyn
   Yn llamu'n lluoedd llon,
A'r wennol ar ei gorau
   Yng nghangau glas Llwyn Onn ;
A gwelais ffridd y Gaerwen
   Yn eithin aur i gyd,
A choedydd hen y Foty
   Yn curo'u dwylo 'nghyd.

      Peth anodd iawn oedd brysio
         Wrth fyned heibio'r tai,
      A'r gwcw uwch ein pennau
         Yn canu cân mis Mai.

Mae sôn fod Nel Min Afon
   Yn meddwl newid lle,
A Winni Tyddyn Canol
   Yn mynd i fyw i'r dre ;
Caf lawer byd o hiraeth
   Amdanynt hwy, mi wn –
Ond mis i wneud ein cartre
   A newid lle yw hwn.

      A dyma lais yr awel,
         Wrth godi gyda'r hwyr,
      Yn deffro hiraeth arall –
         A'm Hywel Wyn a'i gŵyr.

Chwarelwr ydyw Hywel,
   A chreigiwr fel ei dad ;
Yn gweithio yn y Cilgwyn –
   Hen chwarel orau'r wlad ;
Mae'n mynd i'r gwaith bob bore
   Yn ffyddlon, at yr awr,
Ond hwylio mynd i'r capel
   Fydd fory, gyda'r wawr.

    Bydd Hywel yma fory,
      A dyma iti pam –
    Mae'r fodrwy wedi'i phrynu
    Dan fendith 'nhad a mam.

Tryfanwy

41.

Cân Chwarelwr yr Eifl

Fe ganodd corn y chwarel,
   A darfu gwaith y dydd ;
Ac wele finnau eto
   O'm rhwymau caeth yn rhydd ;
Mae'r nos yn nesu'n gyflym,
   A brysio adref wnaf,
Dyweded pawb a fynno –
   I'm bwthyn gwyn yr af.

    Mae f'annwyl Wenno'n disgwyl,
      A'i lamp ar fwrdd y tŷ ;
    A'r drws sy'n gil-agored
      Er gwaetha'r oerwynt cry.

Try holl frain Llannor adref,
 O fynydd, dôl a chwm,
A thaena'r nos ei phebyll
 Dros erwau Llŷn yn drwm ;
Mae'r caddug bron â chuddio
 Yr hen Garn Fadryn gu,
Ac wele famau'r pentref
 Yn galw'r plant i'r tŷ.

  Mor gryf yw berw'r wendon
   Ar Garreg Llam ymdeifl !
  A rhyfedd fel mae brefiad
   Oen bach yn cyffro'r Eifl !

O, diolch am gael dychwel
 Drachefn i'm bwthyn bach, –
Cael dychwel heb fy ngorfod,
 A dychwel adre'n iach ;
Os tlodaidd yw fy mwthyn,
 Mae'n gartref tlws i mi,
Ac nid yw'r nos dywyllaf
 Ond gloewi swyn ei fri.

  I'm haelwyd lân y brysiaf
   Bob nos o'r chwarel bell –
  I goncro lludded heddiw
   A disgwyl fory gwell.

                                    Tryfanwy

42.

Marged uch Ifan

'Roedd Marged uch Ifan, arwres Pen Llyn,
A'i henw yn arswyd hyd ddyffryn a bryn ;
'Doedd neb yn y bröydd a safai o'i blaen,
Na neb daflai belled y trosol a'r maen.

Helyddes oedd Marged, a chwim oedd ei chŵn :
Llwynogod y llethrau adwaenent eu sŵn ;
Hi lamai'r gwyllt fannau cyn hoywed â'r hydd,
A mawr fyddai'r helfa ar derfyn y dydd.

Gwneud cwch fedrai Marged, a'i rwyfo'n ddi-rith
Hyd Badarn a Pheris, heb ofni tro chwith ;
Gwneud pedol a'i durio, a'i gosod dan farch,
A hawlio gan hwnnw ufudd-dod a pharch.

Gwneud telyn a'i chanu a fedrai'r fwyn wraig :
'Doedd dim yn ei chalon yn debyg i graig.
O Marged uch Ifan, hir yma ei thaw –
Gobeithio fod telyn o hyd yn ei llaw !

Traddodiad a ddywed mai bach oedd ei gŵr,
Yn byw dan ei chysgod yn dawel ddi-stŵr,
A hithau heb sôn am na phleidlais na sen
Yn canmol y gwron â'i llaw ar ei ben.

Brenhines y cwmwd, a mamaeth y myn,
Oedd Marged uch Ifan, arwres Pen Llyn,
Mor gadarn â'r clogwyn – mor ddewr a di-ffug,
Mor syml ac mor dyner â blodyn y grug.

Alafon

43.

Dai

(Yn nhafodiaith y Rhondda)

Bachan bidir yw Dai, 'tawn i byth o'r fan,
   Ma fa'n scolar lled dda, ac yn darllan shew ;
Un diwrnod da'th rhw lyfir Sysnag i'w ran,
   Ac fe'i hoerws e i gyd, ishta pishin o rew.

'Dodd e'n lico dim byd yn y capal yn awr
   Ond amball i brecath ar gyflog a thai,
'Rodd e'n stico'n y tŷ a'i wep shag i lawr,
   Ac yna'n y diwadd fe ddantws Dai.

'Rodd e'n treulo dy' Sul ishta hyrtin o'i go
   I sôn am gyfloca – ei unig ddileit ;
'Gydwithwrs i gyd' – dyna'r dechra bob tro,
   'Rodd 'i ben a'n gam, ond 'i galon a'n reit.

Fe barws yn sobor i wala o hyd,
   A pharchws 'i fam, beth bynnag 'i fai ;
Fe gatws o'r capal nis gwn i pa cŷd,
   Ond yfws e ddim, whara teg i Dai.

'Rwy'n cofio pan gladdson nw Bili 'i frawd,
   A phedwar o grots bach, heb ddim, ar 'i ôl,
'Dewch chi,' mente Dai, 'chewch chi ddim bod yn glawd,'
   Ac fe gariws y ianga sha thre yn 'i gôl.

A dyna lle ma nw, gita Dai a'i fam,
   A rywsut 'dyw'r dorth ddim rhw lawar yn llai ;
A chretwch chi fi, chaiff neb nithir cam
   Â'r pedwar boi bach, tra bo anal yn Dai.

Mi etho rw ddwetydd, fel arfadd, i'r tŷ,
   Heb gnoco na dim, fel buo i ar fai ;
Ac mi glywn yr hen wraig, a'i dagra'n lli,
   Yn diolch i Dduw am gâl catw Dai.

Ond dyna odd gen i ar feddwl i wed
   Cyn dechra whilmentan ar draws ac ar hyd,
Ryw nos yn y capal fe wespwd ar led
   Fod Dai yn dod 'n ôl, wedi'r cyfan i gyd.

Wel, bora dy' Sul 'rodd y lle yn llawn,
   A neb â dim amcan pa beth odd yn bod ;
Ond 'rodd 'no gewcan i'r drws yn amal iawn
   I ddishcwl i weld os odd Dai wedi dod.

A wir, ymhen ticyn, dyco fe'n dod,
   A mi steddws yn ôl, yn rhy swil i ddod 'mlân ;
'Ro'n ni'n treio canu, fu shwd leisha 'rio'd,
   'Dodd dim ond yr organ yn cwpla'r gân.

'Rodd corn 'y ngwddwg i'n stico'n dynn,
   'Ro'wn i'n llefan fel plentyn, a 'dallwn i lai,
A llefan 'rodd pawb yn y cwrdd erbyn hyn.
   Ond pedwar o grots bach ddath miwn gita Dai.

'Rw i'n lico'r hen grwtyn, ma'n rhaid gwed y gwir,
   Ma fa'n biwr digynnig, os yw a yn ffôl ;
Os aiff, ishta dafad, ar grwydir yn hir
   Ma'i galon a wetni'n 'i dynnu fa'n ôl.

'Ga i'n shomi, fel un, os na ddalith e'n dynn,
   Fe gwnnws i wilia'n y seiat nos Iai,
Anghofiws 'i hun, fe ddechreuws fel hyn :
   'Gydwithwrs i gyd' – bachan bidir yw Dai.

J.J. Williams

44.

Yr Anglodd

(Yn nhafodiaith y Rhondda)

Cwplwch y whara, fechgyn,
   Dotwch y bêl 'na lawr ;
Cliriwch yr hewl am dicyn,
   Byddwch yn ddishtaw nawr.

Welwch chi'r anglodd yn dwad ?
   Na, welsoch chi mono fa, spo –
Rhyw ddwsin neu ddou yn cerad,
   A phob un yn cario'n 'i dro.

Fydda pethach ddim mor shimpil
   Pe bysa fa'n rhywun mwy,
Ond ma'n anodd ca'l hers a cheffyl
   Acha hannar coron y plwy.

Mi fyddwn i yno 'munan
   A'm hysgwydd o dan yr arch,
Yn cario'r hen Ddafydd, druan,
   Pe bae gen i ddillad parch.

Na, fu a ario'd ond labrar
   Yn byw ar 'i ddwrnod gwaith ;
'Dodd a'n neb o dan y ddaear
   Na neb yn y capal whaith.

Ond *fe* ath â fi i'r festri
   Yn grwtyn petar ôd,
A 'rodd pawb o'r plant yn cretu
   Fod Dafydd yno ario'd.

Pan etho i 'mhen blynydda
   I ddechra'r ffordd shag i lawr,
Y *fe* ddath ato i gynta –
   Ond ma'r anglodd yn ymyl nawr.

Gwnewch chi fel mynnoch chi, fechgyn,
   Ma 'nghap i, ta p'un, i ddod bant ;
Na, 'dyn nhw ddim mwy na dwsin,
   Ond ma'r dwsin yn cario sant.

Ma'r plant wedi colli partnar,
   A Duw wedi colli gwas ;
Ond ma'r gêm o hyd ar 'i hannar,
   Towlwch y bêl 'na mas.

J.J. Williams

45.

Gwener

(Venus de Milo)

O wyryf fythol-ieuanc, bun y bardd !
Diddarfod ydyw'r urddas yn dy drem ;
Ni'th wywa henaint di â'i awel lem ;
A'i rych ni esyd ar dy arlais hardd.
Ni phoeni di dy fardd : 'does gennyt law
I'w dywys hyd dwyllodrus lwybrau'r mêl ;
Na llais i'w hudo : mae dy fin dan sêl ;
O'th emrynt un bradwrus saeth ni ddaw.
Ni fynni dros dy ddwyfron dynnu llen ;
Na rhoi ffug-wylder o dy gylch yn fur.
Tra arall yn cyfnewid, Wener wen,
Yr wyt ti'n aros i dy fardd yn bur.
Yn dy brydferthwch, O anfarwol fun,
Mewn ienctid ac mewn henaint fyth yr un.

Sarnicol

46.

Charles Stewart Parnell

Parnell ! Mwy llachar oedd dy ddydd,
Mwy chwyrn dy air, na fflachiad cledd ;
Ond heddiw, och ! Mor boenus brudd
Yw'r trwm gysgodion ar dy fedd !

Pan ydoedd gormes du yn rhoi
Arteithiau i'th wylofus wlad,
Rhai gwŷr yn cwympo, rhai yn ffoi,
Yn orchfygedig yn y gad,

Fel haul y bore codaist ti
A baner rhyddid yn dy law,
Trydanwyd deufyd gan dy fri,
A'r gelyn grynodd yn ei fraw.

Parnell! Digymar oedd dy lwydd,
Diymffrost oeddyt yn yr awr
Y rhoddai'th law arddodiad swydd
Ar brif-weinidog Prydain Fawr.

Ha! Frenin Anghoronog, mud
Wrandawai'r Senedd ar dy lais,
Ac atsain wnâi pellafion byd
Pan fyddet ti'n dinoethi trais.

Ond daeth y ddu fygythiol awr
Pan geraist ferch â chariad cudd;
Fe boerwyd ar dy enw mawr,
A chwympodd haul dy hanner dydd.

A dorraist ddeddfau Duw a dyn
Drwy dderbyn serch i'th galon ddofn?
Er hynny gwelwyd ynot un
Unionai gamwedd yn ddi-ofn.

'E fynnai'r byd a fu mor hir
Yn moesymgrymu wrth dy draed –
Y gŵr a drengai dros y gwir –
Grochlefain weithian am dy waed.

Ond ni ddeallet ddull yr oes
Gyfrifa ddyn yn fwy o ddyn
Pan edy fenyw dan ei chroes
Er mwyn sancteiddio'i groen ei hun.

O ! ffug, yr offeiriadon glwth
A'th lwyr ferthyrent am dy fai ;
Y gwŷr a fuont dreiswyr rhwth
I ryddid, nid allasent lai.

O ! warth, dy blaid anffyddlon roes
Ar ben eu Samson bob sarhad ;
Och ! Pwy all ddirnad maint y loes
O weld dy wŷr yn llunio brad ?

Yn gadarn sefaist megis craig,
Tra curai llid yn don ar don ;
Er hynny teimlaist ddant y ddraig,
A'th galon ddrylliwyd dan dy fron.

Y tafod fu'n areithio'n hyf
Dros hawliau dyn a rhyddid gwlad,
Y llygad llym, y deall cryf
Barlyswyd gan bicellau brad.

Ond Iawnder a Gwladgarwch sydd
Yn curo'u bronnau clwyfus-noeth ;
A phylu'n fwy wna llygaid Ffydd
Am nas gwêl ŵr mor ddewr, mor ddoeth.

A minnau'n enw Gwalia Wen
Ymunaf efo'r Ynys Werdd,
I ollwng dagrau uwch dy ben
Tra phletha'r Awen gariad-gerdd.

Boed fwyn dy hun, Wladgarwr cryf !
I ti fe ddarfu'r dyddiau blin ;
A rhamant gylch dy enw dyf
O oes i oes fel sypiau gwin.

Elphin

47.

O Tyred, Fwyn Awenydd

(Llythyr at Alafon)

O tyred, fwyn awenydd,
   Am dro i'r mynydd mawr,
I wlad y llynnau llonydd
   A'r gelltydd gwyllt eu gwawr

Fy nghyfaill annwyl ydwyt,
   A sut yr wyt ers tro ?
Wel, tyrd am felys hynt ein dau
   Hyd fryniau'r annwyl fro.

Cawn grwydro hyd y mawndir,
A chroesi'r lleithdir llwm,
A'r afon i'n diddanu
Yn canu yn y cwm.

Cawn wrando bref y defaid
A llef mamogiaid mwyn,
A gwylio sbonciau hwylus
Direidus heidiau'r ŵyn.

A gwyllt y mynydd, dderyn swil,
A'i gynnil, wichlyd gân, –
Na thraetha'i chwedl ond wrth y gwynt,
A'i helynt ar wahân.

A gwylio cast cornchwiglen
O'r siglen hed yn syth,
A throi o'n cylch, a chrio,
I'n hudo oddi wrth y nyth.

A'r hebog yn yr awyr –
Yn sicr iawn o'i saig;
A brân 'rôl brân yn hedfan
Dan grawcian tua'r graig.

Tyrd, ffrind, i'r unigeddau
I wrando'r ffrydiau ffraeth
Yn clebran â'r clogwyni,
A'r lli mor wyn â'r llaeth.

Daw'r haf yn fuan allan
   Mewn gwisg oleulan lwys ;
Fe glybu'r blodau, medde nhw,
   E'n galw uwchben y gŵys.

A galw arnat tithau
   Wnaf innau, annwyl fardd ;
Mae Natur yn ein disgwyl
   A'i hwyl yn ddiwahardd.

Cawn wrando chwedlau llawen
   Yr heulwen, ar eu hyd,
Yng nghanol llwyni'r eithin aur
   A rhuddaur bannau'r byd.

Dan iraidd fedwen arian
   Gwnawn inni fwynlan fainc ;
A chanu in o'r deildw
   Wna'r gwcw ar y gainc.

A chyda'r hwyr, wrth ddisgyn
   I'r bwthyn lle 'rwy'n byw,
Cawn saib i feddwl am y Nef
   A sôn am dangnef Duw.

J.T. Job

48.

Sbïo Hynt

Yr haf ydoedd hi, a'r hwyr ar daen
Yn denu dyn o'i dŷ,
Ac megis pererin yn ei flaen
Yr awn tua'r Erw fry.

Galw wrth fwth hen wraig y Glais,
Galw a galw yn daer ;
Ond nid oedd llef yn arddel fy llais,
Na neb yn yngan gair.

Galw wrth efail Siôn y Go'
Lle y treuliais ddyddiau hir ;
Sbio a gweled trwy dwll y clo
Fod rhwd ar yr eingion dur.

Yna dros gamfa cae y Wern,
A galw ar Wil o'r clos,
A thybiwn ei weled yn troi'i gern,
A dianc i wyll y nos.

Ga'i amser, meddwn, i alw'n y Pant ?
Mentrais, 'doedd yno'r un
A adwaenwn wrth eu henwau'n blant,
Yn chwerthin rhwng cwsg a dihun.

Yna'n lladradaidd i mewn trwy'r glwyd
I'r Erw o dan y tŵr,
A chlyw-wn leisiau'n y golau llwyd
Yn fy nghyfarch fel un gŵr.

'Nyni sydd yma, hen ffrind, mewn hedd –
Hen ffrindiau y dyddiau gynt;
Cymer ein diolch o bant y bedd,
Diolch am sbïo'n hynt.'

Dyfnallt

49.

Tipyn o Ymgom

IANTO

Mae Ebrill bron darfod, a Mai fwyn yn dyfod,
A ddoi di'n ddi-ddannod i gysgod y gwŷdd?
Cawn wrando cân hudol y bronfraith perorol,
A charol wir hudol yr hedydd.

ELSBETH

Mae'n well gen' i awen y fylchog fwyalchen,
A'r binc fraith ei haden o'i changen a'i chôr;
A gwell gennyt tithau, os gwir ddaw i'm clustiau,
Sŵn geiriau del enau d' Elinor.

IANTO

Na yrr i fy nghalon ryw eiriau mor wirion,
A thyrd trwy y meillion i dirion gwr dôl;
Mi gasglaf dlws flodau wrth fynd hyd y llwybrau
Wna'n ddiau dy wenau'n dywynnol.

Mi blethaf it goron o eiddew y goedfron
I'th wneuthur yn fanon fy nghalon, fy nghu ;
Fe'i heuraf â chynnar aur flodau y dalar,
Rhof fwyar digymar i'w gemu.

ELSBETH

Os rhaid i mi ddyfod, gwnaf innau bleth hynod –
Pengaled a wermod i wisgo dy wallt ;
A chwiliaf yn gethin am chwerlys yr eithin
I'th nodi di'n frenin y fronallt.

IANTO

O, Elsbeth ffraeth eiriau, gwnaf i ti freichledau
O wyddfid a blodau ceginau y gog ;
A daliaf friallu i wneud i ti ballu
Fy nallu â gallu asgellog.

A glywi di'r adar yn canu a thrydar –
Pob un am ei gymar naws hawddgar yn sôn ?
Ai gormod i minnau gael uno â'u seiniau
Y nodau sy 'nghiliau fy nghalon ?

Y DDAU

Wel, awn gyda'n gilydd i gwr y llwyn llonydd,
Lle mae pob llawenydd ar gynnydd i'r gog ;
Awn yno i wenau y dorus fwynderau
Am oriau o hwyliau dihalog.

Alafon

50.

Amddifaid

(I'm cefnder ar ei ben blwydd).

Dau amddifaid yn ienctid y dydd –
    Gwesteion hen aelwyd lân,
John, fab Angharad, yr ieuaf un,
    A'r hynaf, John, fab Siân.

Cannwyll llygad hen gwpwl syml
    Oedd y ddau ym more oes :
'Châi'r gwynt ddim chwythu ar un o'r ddau,
    Ar waethaf rhagluniaeth groes.

Bob bore gwrandawem ar weddi nhad-cu
    Wrth yr allor ger y tân, –
'Cofia am John, fab Angharad, O Dad,
    A chofia am John, fab Siân.'

Mae'r hen eiriolwr yn y nef
    Ers llawer blwyddyn faith,
A'r ddau amddifaid yn dilyn ei ôl
    Bob bore cyn mynd i'r gwaith.

Gwyn fyd dy galon, fy nghefnder mwyn,
    Dan fendith gweddi nhad-cu,
A Duw yn dy gofio drwy dy oes
    Ar odre'r Mynydd Du

Yn trin dy ardd o olwg y byd,
   Heb ddrysu mewn mellt na gwyll,
Na chael dy ddiarddel gan y byd
   Pan wgo ei lygaid hyll.

Cymysg yw rhan a grwydro ymhell
   O lwybr cynefin ei fro,
Cans chwerw yw'r siom yn wyneb haul
   A ddaw iddo yn ei dro.

Ni phallodd tegwch dy dirion drem,
   Ni lygrodd gwrid dy wên,
Heno ar benrhyn gorwel ein hoes,
   Cyn elo y dydd yn hen –

Clyw weddi John fab Angharad, dy gâr –
   Gweddi ddiatal, lân, –
'O Dduw nhad-cu o'r Mynydd Du,
   Cofia am John fab Siân.'

                         Dyfnallt

51.

Henffych, Erin !

Henffych, Erin, gardd y gog,
   Feillionog Efell-Ynys !
Rhifwyd dyddiau blin dy bau,
   A'th orthrymderau dyrys :
Clyw rialtwch Tir Na N-ôg,
   A'i hwyliog glychau melys !

Llama hithau, Cymru lân,
 O ddiwahân ddywenydd :
Ceraint ŷm – o galon lawn,
 Ac o'r un ddawn ddihenydd ;
A chydgarwn, fel ein ffun,
 Winllannau'r un llawenydd.

Syllwn ar d'ogoniant gynt
 Drwy helynt dy dreialon :
Cofiwn fflam d'athrylith hen
 A golud llên dy galon ; –
Eithr ymlaen, tu hwnt i'th loes,
 Mae tymp dy euroes dirion.

Erin ! Dring yng ngolau'r dydd
 I fynydd dy ofuned ;
Weithian, aeth y nos o'th nen,
 A'th Awen o'i chaethiwed ;
Ac fe'th eilw Badrig Dda
 I 'Aelwyd Tara' – 'Tyred.'

Yno mae telynau mwyn,
 Ac ym mhob llwyn mae llinos ;
Yno mae brawdoliaeth wiw, –
 Weriniaeth ddi-werinos ;
Ac mae'r aelwyd fyth yn bêr
 Dan fendith Nêr yn aros.

Erin! Dring o riw i riw;
  A diau, Duw a'th dywys;
Lle bu'r storom, wele'n awr
  Fireinfawr fwa'r enfys!
Henffych Erin, gardd y gog,
  Feillionog Efell-Ynys!

J.T. Job

52.

Y Deryn Du

Y Deryn Du sy'n rhodio'r gwledydd,
Ti a ŵyr yr hen a'r newydd;
Roi di gyngor i fachgennyn
Sydd yn curio ers mwy na blwyddyn,
  A roddi di gyngor i mi?

O! dere'n nes, fachgennyn, gwrando,
Gad wybod beth sydd yn dy flino?
Pa un ai'r byd sy'n troi'n dy erbyn,
Ai wylo'r wyt am weled rhywun?
  A fynni di gyngor gen i?

O! nid y byd sy'n troi'n fy erbyn,
Nid wylo'r wyf am weled rhywun;
Ond gweled Cymry pur yn pallu,
Nis gwn pwy gwyd 'r hen wlad i fyny.
  A roddi di gyngor i mi?

A fynni di y cyfoethogion
O uchel ach a mawr eu moddion,
Eu cestyll teg a'u cyfoeth llydan,
Eu moesau llaes a'u gwisgoedd sidan?
   A fynni di'r rheini i ti?

Ni fynnaf i y cyfoethogion
O uchel ach a mawr eu moddion,
Ni ŵyr y sawl sy'n llawn a llawen
Ddim am ofid, cŵyn ac angen.
   Ni fynnaf mo'r rheini i mi.

A fynni di y dysgedigion
Sydd yn gwybod pob cyfrinion?
Dyma'r bobol ddoeth a dedwydd
Sydd yn gwybod hen a newydd,
   A fynni di'r rheini i ti?

Ni fynnaf i y dysgedigion,
Er fod dysg i bawb yn burion;
Mae dysgawdwyr wedi moedro,
Ac ni allant hwy gytuno,
   Ni fynnaf mo'r rheini i mi.

A fynni di y doeth seneddwyr
Sy'n gwneud cestyll yn yr awyr?
Gyda'u dysg, eu dawn a'u deddfau,
Wnânt y wlad yn ardd o flodau.
   A fynni di'r rheini i ti?

Ni fynnaf i mo'r doeth seneddwyr,
Gyda'u dawn, eu sŵn a'u synnwyr ;
Nid yw geiriau yn y senedd
Ond ychydig gwell na gwagedd.
    Ni fynnaf mo'r rheini i mi.

A fynni di mo'r meibion dewrion,
Y Cymry teg a'r merched tirion,
O'r dyffrynnoedd ac o'r bryniau,
Sydd yn caru gwlad eu tadau ?
    A fynni di'r rheini i ti ?

Diolch calon i ti'r aderyn,
Dyna'r rhai yr wy'n eu mofyn ;
Tra llong ar fôr, tra coed yn glasu,
Dyna'r rhai i godi Cymru.
    Wel, ffarwel, a ffarwel i ti.

Llew Tegid

53.

Y Fwyalchen Ddu Bigfelen

O'r Fwyalchen ddu bigfelen,
    Swyna'r fron â'th gynnar gân
Nodau peraidd calon lawen
    Ddeffry gôr yr adar mân ;
Tyrd i wrando cŵyn bachgennyn,
    Sydd mewn gofid nos a dydd,
Hiraeth creulon sy'n ei ganlyn,
    Hraeth dyr ei galon brudd.

Gado cymoedd ceinion Cymru,
 Gado swyn hen wlad y gân,
O, mor anhawdd yw gwahanu
 Cymro pur a Chymru lân.
Cwyd dy nodau hiraeth calon,
 Tra rwy'n tario 'ngwlad y Sais,
Mewn atgofion am y goedfron,
 Lle bu gynt mor fwyn dy lais.

Llew Tegid

54.

Canu'n Iach i Arfon

Doed holl drigolion moethus mwyn,
 Sy'n byw ar swyn danteithion,
I ganu clod dinasoedd cain,
 A sain y tannau tynion :
Ni ddeuaf byth o'm bwthyn bach,
 I ganu'n iach i Arfon.

Fe ddywed rhai fod gwledydd pell
 Yn well na Chymru dirion,
A deuant gyda gwawd a gwên,
 I geisio denu dynion ;
Arhosaf eto ronyn bach
 Cyn canu'n iach i Arfon.

Mil gwell yw'r awyr iach gan i,
  A bywyd diofalon,
Ym myd y grug a'r defaid mân,
  A chân yr adar gwylltion ;
A thrigo gyda'm teulu bach,
  Na chanu'n iach i Arfon.

Llew Tegid

55.

Ffarwél i Eryri

Ffarwél i wlad Eryri
  A'i huchel dyrau hi :
I'm bron mae briw, fynyddoedd gwiw,
  O ganu'n iach i chwi.
Ces noddfa yn eich cysgod
  Yng nghwmni praidd y Ne ;
Ond daeth yr awr i 'mado nawr
 gwyllt ystlysau Arfon fawr
  Am dawel dir y De :
Yn iach i dir Eryri.

Bu syllu tua'r bannau
  A'r trumiau, lawer tro,
Yn troi fy mryd uwchlaw y byd,
  A'm dwyn i'w wyddfod O –
Y Duw sy'n tanio'r heuliau
  A chynnal cryfdwr byd ;
Y Duw sy nerth ar riwiau serth
A'i lân gyfiawnder yn ei werth –
  Yn para'r un o hyd :
Yn iach i dir Eryri.

A rhamant y cymylau!
   A gwyrthiau hwyr a gwawr!
Fe'u gwelais, do, eu trem a'u tro
   O gylch Eryri fawr:
   Cymylau rai'n noswylio,
     A rhai'n dihuno draw –
A'u gynau gwiw o ryfedd liw
Dienw – nad oes neb ond Duw
     A'i medr, â'i ryfedd law:
   Gymylau uthr Eryri!

Ac ambell gwmwl bychan
   A gysgai weithiau'n hir
Ar lethr y bryn, mewn dillad gwyn –
   A'r haf yn toi y tir –
   Fel plentyn wedi blino
     Wrth chwarae yn y chwa!
Neu megis sant, wrth droi i bant,
Yn caffael melys hun y plant
     Ar fynwes Iesu Da –
   A'r byd yn syllu arno.

Ffarwél i Gwm Pen Llafar
   A'i heddwch diystŵr;
Lle nad oes lef – ond ambell fref,
   A Duw, a sŵn y dŵr:
   Ardal yr ebol hirfwng
     A grwydra'r gors a'r mawn;
Lle naid i'w daith y brithyll braith
I hela'r pry – cans dyna'i waith
     Yng ngolau haul brynhawn:
   Ffarwél i Gwm Pen Llafar!

Mi wyliais grychlam Ogwen
O'r Llyn – i'w llwybrau llaes ;
A'r crëyr glas mewn dyfroedd bas
Ym merddwr Tŷ'n-y-maes ;
Ac Idwal yn breuddwydio
Wrth Gegin y Gŵr Du ;
A Chaseg ffraw'n carlamu draw,
Fel pe bai'n dod o dwll y glaw,
A'r tasgion o bob tu –
A chorn y storm yn galw !

A Ffrydlas dirion hithau !
Ni phrofais yn fy myw
Hafal i flas ei brithyll bras,
O loyw-frychfelyn liw.
Ni allaf lai na'i henwi,
Gymdoges swil a da :
Cans tyst fu hi o'm helbul i,
A'm troeon trwstan ger ei lli –
Ond ddwed hi ddim ; O na ! –
Ffarwél i Ffrydlas dirion !

Yn ystod deunaw mlynedd
Fy nhrigias yn y Fro,
Daeth cwmwl hir uwchben y tir,
A niwl fel duddwl do :
Ond gwelsom saint yn cerdded
'Yn addfed iawn i'r Nef,'
Heb ofni grym y corwynt llym,
Na chenlli'r hen Iorddonen ddim –
A chyrraedd draw i dref –
A'u coffa'n fendigedig.

Mae gweithio 'mhlaid y Deyrnas
Yn urddas o fawr nod ;
Mae'r saint di-lyth yn ddiogel byth,
Waeth pwy fo'n mynd a dod.
Geill Iesu godi eto
Blant Duw 'o'r meini hyn' ;
Geill wella briw ei Seion wiw,
A'i hadeiladu â 'meini byw' :
Daw eto haul ar fryn –
Daw eto haul ar fryn !

Wel, bendith ar yr henfro,
'Rwy'n mynd i Benfro bell,
At braidd yr Iôr sy wrth y môr
Yn ceisio'r Wlad sydd well.
Ffarwél i'm holl gyfeillion
Drwy'r bröydd heirddion hyn ;
Ffarwél i Goetmor dirion –
Ac O ! mae'r dagrau'n llyn
Wrth ganu'n iach i'r beddrod bach,
Lle'r huna Beti Wyn.

J.T. Job

56.

F'anwylyd, Pan Fwy'n Huno

(Lled-gyfieithiad o
'When I am dead, my darling', Christina Rossetti)

F'anwylyd, pan fwy'n huno,
    Na chân alarus gerdd :
Na phlanna rosyn uwch fy mhen,
    Na chypreswydden werdd :
Y glaswellt ir gan wlithlaw
    Fo'n do i'm beddrod i :
Os mynni, gad fi'n angof,
    Os mynni, cofia fi.

Ni welaf fi'r cysgodau,
    Ni theimlaf fi mo'r glaw :
Ni chlywaf ganu'r eos bêr,
    O'i phoen, o'r llwyn gerllaw :
Breuddwydio'n hir drwy'r cyfnos
    Digyffro y byddaf fi ; —
Ysgatfydd, fe'th anghofiaf,
    Ysgatfydd, cofiaf di.

J.T. Job

57.

Gorffwysgan

(Cyfieithiad o 'Requiem', R.L. Stevenson)

Dan wybr o sêr a'i heang do,
Rhowch lain im orwedd yn ei gro,
Bûm fyw, bûm farw, yn llawen, do,
A throis – o'm bodd – i'r glyn.

A hyn fo'r cofair uwch fy rhan,
Llyma'i fedd – yn ei ddewis fan ;
Daeth adre'r morwr, o'r lli i'r llan,
A'r heliwr yn ôl o'r bryn.

J.T. Job

58.

Ffarwél i Blwy Llangywer

(Y pennill cyntaf yn draddodiadol)

Ffarwél i Blwy Llangywer,
A'r Bala dirion deg ;
Ffarwél fy annwyl gariad,
Nid wyf yn enwi neb ;
'Rwy'n mynd i wlad y Saeson,
A'm calon fel y plwm,
I ddawnsio o flaen y delyn,
Ac i chware o flaen y drwm.

Ffarwél i'r Glyn a'r Fedw,
  A llethrau'r hen Gefn Gwyn,
Ffarwél i'r Llan a'i dwrw,
  A llwybrau min y llyn;
Wrth ganu'n iach i Feirion,
  Os yw fy llais yn llon,
Yn sŵn ei hen alawon,
  O, y pigyn sy dan fy mron.

Ffarwél i fro fy mebyd,
  A'r aelwyd ore 'rioed,
Ffarwél lechweddau hyfryd,
  A swil rodfeydd y coed;
Pan ar y maes yn brwydro,
  Neu'n glwyfus, gwan, a gwyw,
Fy nghalon fydd yn crwydro
  Ar dy fryniau tra byddaf byw.

Llew Tegid

59.

Ymliw ag Angau

(Detholiad)

Ha ! ha ! Heddiw mae Prydain yn ben ar deyrnasoedd y ddaear,
  Mwyaf mewn balchder yw hi, mwyaf mewn cyfoeth a grym.
Hwn yw y Trindod addolwn – MILWRIAETH, MÔR-ALLU, MASNACHU,
  Nofiwn ein llongau mewn gwaed, cloddiwn am aur efo'r cledd ;
Gosod ein harswyd ym mhobman a wnelom serch ennyn dygasedd,
  Beth yw dyngarwch i ni, hil y fôr-neidr a'r blaidd ?
Brydain ! casgler d'alluoedd, cyhoedder drwy bedwar cyfandir,
  Fel y clywo pob tras ac fel y cryno pob teyrn –
'Mi biau allwedd y glannau, a mi biau deyrnas y moroedd,
  Cefais hwy'n rhinwedd fy nerth, ac ni ollyngaf hwy byth.'

Clyw yr eglwysi drwy Brydain yn atsain ag anthem o foliant,
  Dagrau ni wylant yn awr, marw yw'r meirw i'r byw ;
Wele'r offeiriaid yn plygu eu dwylaw ac yna'n penlinio,
  Ni warafunant i Dduw gyfran ehelaeth o'r clod !
Pwy a esgynna Galfaria ? A phwy ddioddefa ofidiau ?
  Nid y rhai dystiant dros Grist ac a bregethant y Groes.
Oni lefarodd rhyw ddoethwr yn wawdlym yng Nghyngor y Doniau ?
  'Heddwch am unrhyw bris ! Na, na, gwrthodwn y gwarth ;'
Dros ymehangu dadleuant, dros blygu cenhedloedd i'w balchder,
  Ni waeth ddim am y lladd, am y cânt elw a mawl ;
Beth iddynt hwy yw duon anwariaid sy'n madru ar dywod ?
  Beth yw'r weddw a'i phlant wylant, ddolefant am dad ?
Pan fo pen ar ladd, daw cyfle i ddanfon cenhadon,
  Hwythau ânt allan i hau geiriau'r Efengyl mewn gwaed ;
Digon o iawn am gelanedd fydd estyn diwylliant a chrefydd
  I rai fu'n crwydro'n rhy hir mewn anwybodaeth o Dduw !

Och ! Fel hyn mae credinwyr mewn oes oleuedig yn llusgo
   Gwisg eu Gwaredwr drwy'r llaid, enw'r Goruchel drwy waed.

§

Eto mae mynd ar y chwarae, glaswenu wna gwŷr ar y llwyfan,
   Codi a disgyn mae'r llen, ar ryw ymledrith o hyd ;
Pennau coronog, gwleidyddwyr, esgobion, llenorion, carnlladron,
   Pawb yn mynnu ei ran, pawb am y mwyaf ei glod ;
Ymdaith dan faner cyfiawnder, gwladgarwch, neu grefydd, neu sobrwydd,
   Eithr addoli'r llo aur, eithr ymgeintach am dâl.
Onid y doethaf ohonynt oedd hwnnw adawodd ei orsedd,
   Ac ar ei ddwylaw a'i draed borodd fel ych hyd y maes ?
Faint ydyw mawredd brenhinol amgenach na gyrfa glaswelltyn ?
   Byr a therfynol ei ddydd, bythol ddilewyrch ei nos !
Tebyg i gysgod palmwydden, neu waneg ar wyneb y dyfnder,
   Ydyw gogoniant i ddyn – wele ! Y mae ac nid yw.

Draw ar waelodion y dyffryn tawelfwyn mi welaf y fonwent
   Wledig lle dodwyd rhyw lu dinod o'm teidiau dan bridd ;
Hwythau'n eu dydd oeddynt ddynion, yn llunio, llafurio, gobeithio,
   Ond fe fachludodd eu haul, hanes ohonynt nid oes.
Bywyd sy'n dyfal fraenaru, ond ti, O ! Angau, sy'n medi,
   Tybed mai deufrawd ych chwi'n gwneuthur eich gwaith yn ddi-ball ?
Tra fo hoen mi feithrinaf ddoethineb, rhadlondeb, a rhinwedd,
   Bydded diddanwch neu boen, ceisiaf gydymddwyn â'm ffawd ;
Buan daw'r amser im gefnu am byth ar y bröydd a gerais,
   Cau fy amrantau a wneir, wedyn fy hebrwng i'r bedd ;
Eto blagura'r blodeuyn, yr adar gânt eto gymharu,
   Dychwel mireinder a chân, ond ni ddaw mwyniant i mi.

Elphin

60.

Cofio Milwr

Pan y paid pob cledd â'i gyffro,
Pan ostega'r rhyfel-gri
Daw dy dad a minnau heibio'r
Llecyn lle gorweddi di ;
Wedi teithio estron-fröydd,
Dyma'n hoffrwm ar ein hynt,
Pleth o redyn o Gwmbowydd,
Swp o rug o Fwlch y Gwynt.

Bryfdir

61.

Wrth Fedd Gwilym

O ! Gwilym, wyt ti'n gweled – ein galar ?
Neu'n gwylio ein colled ?
A oedd cri holl wledydd cred
Yn werth dy aberth, tybed ?

Dy fyd oedd y dyfodol, – ac yn llawn
Cynlluniau delfrydol ;
Ond Ow ! Gadewaist o d'ôl
Hir gynnydd ar ei ganol.

Bwriadau heb hir oediad, – a droisai
  Yn drysor i'th famwlad;
Ond rhoed pen, fy machgen mad,
Heb aros ar bob bwriad.

Mab heddwch ym mhob haddef – oeddit ti,
  Haeddit oes o dangnef;
Gwyddit mai gwell oedd goddef
Na chlwyfaw â llaw, na llef.

Hwyliaist pan ddaeth yr alwad – yn ufudd
  I ofyn dy famwlad;
Ai teilwng yw y taliad –
Hyn o le mewn estron wlad?

Caled yw gorfod cilio, – a'th adael
  Lle'th ddodwyd i huno;
Yn araf rhaid cyfeirio
Tua'n gwlad, a thi tan glo.

Gorwedd o dan glod gwron – yn naear
  Anniwall yr estron;
Â galarus, fregus fron – minnau af,
Oddi yma ciliaf, ond ni ddaw'm calon.

Llew Tegid

62.

Y Tir Di-berchennog

(Cyflwynedig i'r Capten Evan Mathias)

Dim ond y clawdd o bridd,
   A dyfais o dywod trwm,
A chelain briwedig wŷdd
   Rhyngof a'r dur a'r plwm :
Pwy biau y diffaith lain, –
   Y rhychau a'r ogofeydd –
Y gelain wrth ddurfin-ddrain –
   Tiriogaeth yr olaf bangfeydd ?

Mae'r popi yn borffor goch
   Ar gern archolledig y ffos,
A'r haul yn wyllt ar ei boch
   Ben bore pan gilia'r nos :
Ni fynnwn gystuddio'i grudd,
   Na thorri ar oedfa'i hedd,
Rhag caffo'r ysbïwr cudd
   Orfoledd i'r nwyd a fedd.

Symudodd rhywun fan draw ?
   Drychiolaeth, neu elyn, p'un ?
Mae gwaeddi yn nheyrnas braw,
   Pob diafol sydd ar ddihun.
Pwy biau y diffaith dir ?
   Neb ond y marw oer
A gwsg yn ei freuddwyd hir
   Am ryfel dan haul a lloer.

Dyfnallt

63.

Bedd yn y Maes

Chwibanodd bwled drwy y dellt
    Ar ddigyfeiliorn hynt,
A chwympodd gwron yn y gwellt,
    Griddfanodd llef y gwynt.

Fedelwr, yn y gwenith gwyn,
    Dieithrddyn oedd i ti,
O dyro iddo fedd, er hyn,
    A chofia'i olaf cri.

Pryd hau a medi ddaw'n eu tro
    Ar ôl y chwerw drin,
Ni wêl efô mo Fai'n y fro,
    Na Medi a blas y gwin.

O ddaear, gwylia ger y llain,
    A chofia'n hadfyd llym,
Rho inni flodau yn lle drain,
    A chalon yn lle grym.

Dyfnallt

64.

1914-1918 – Emyn

Arglwydd nef a daear, gariad hollalluog,
    Rhyfedd dy ddoethineb, a pherffaith yw dy waith ;
Cerddaist ar y tonnau trwy'r ystorm gynddeiriog,
    A bu tawelwch wedi'r ddrycin faith.

Arglwydd, beth a dalwn am dy faith ffyddlondeb?
    Arwain ni â'th gyngor yn ffordd d'ewyllys fawr;
Dysg i'r holl genhedloedd heddwch a thiriondeb:
    Eiddot y deyrnas, frenin nef a llawr.

Maddau, dirion Arglwydd, ddirfawr fai y bobloedd,
    Maddau rwysg annuwiol ein holl benaethiaid ni;
Tywys hwynt i'th lwybrau, Arglwydd Iôr y lluoedd –
    Llwybrau hyfrydwch dy gymdeithas di.

Maddau, Arglwydd, maddau! Fyth o'th lân faddeuant
    Tardd grasusau nefol y saint, o oes i oes;
Maddau, Arglwydd, maddau, casgler, er d'ogoniant,
    Ryfedd gynhaeaf grawnwin pêr y groes.

J.T. Job

65.

Trannoeth y Drin

(Rhan)

Arswydo'r ydwyf rhag rhyw newydd frad!
    Mae llefau draw'n darogan arall gad;
Munudau llid sy'n chwerwi'r oriau hirion,
    A rhuthra poethwynt dicllon dros y wlad.

Ni chaf, o chroesaf drothwy hedd fy nhŷ,
    Ond nwydau aelddu'n rhuo ar bob tu;
Anobaith biau'r fron trannoeth y drin –
    Ddydd blin, a'i anterth a'i brynhawn yn ddu.

Ond beth a wêl y bobl? Goleuni yw!
Fe'u goddiweddir gan ddisgleirdeb Duw
Yn ddydd rhy lachar lwys, a thewi a wna
Holl grechwen buddugoliaeth ar fy nghlyw.

Trannoeth y brad fe ddaeth y golau gwir
I loywi trem cydwybod eto'n glir;
Gwarth a chywilydd a ymwêl â hi,
Ni bydd yn unig mwy yn hir, yn hir!

A phobloedd Ewrop oll a glyw ei llef;
A'i bys fel estynedig fys y Nef
Tuag atynt hi a'u hannerch un ac un
Â geiriau llosg a nwyd angerddol gref:

'Di fuost tithau'n llunio'r bwystfil mawr,
Ei wanc diwala a borthaist hyd yn awr,
Dy feddwl duaf ddodaist yn ei galon,
Yna o'i flaen ymgrymaist hyd y llawr.

'Ei ddannedd wnaethost megis cyllyll dur,
A'i anadl ef yn wenwyn; cofia'r cur
Pan roist yn balmant rhad i'w waedlyd garn
Galonnau ac eneidiau d'ifainc wŷr.

'I nofio'r eigion onis dysgaist ef,
A lledu erchyll adain yn y nef?
Mae gwaed y gwirion ar dy wisg a'th law
Er nos ei hediad distaw uwch y dref.'

Llyna ryw swrn o'i chwyrn a chwerw iaith
Wrth bobloedd euog ; ni chânt heddwch chwaith
Yn hir, gan gnoad a dwysbigiad hon
Ar feysydd pleser llon nac wrth eu gwaith.

Na, dirfawr bwys y gad Cydwybod sy'n
Ei rwymo am wddf yr oes â'i llaw ei hun
Fel 'corff marwolaeth' ; hithau pwy a'i gwared ?
Disgyn i'r bedd a'i gwarthrudd wrthi 'nglŷn.

Wele anesmwyth yw'r mynwentydd draw !
Oddi yno mae diddanwch in a braw ;
Egyr y meirwon arnom lygaid syn,
Siarad â ni a wnânt â llef ddi-ddaw.

Ond Och, er atgyfodi meirw ynt,
A'u llefau meirw glywir yn y gwynt ;
Yn awr yn ôl i'w gwlad ymchwelant hwythau,
A gwae a gwynfyd ddaw o'u rhyfedd hynt.

A dianc rhag y llu nis medrwn mwy ;
Ai yn y maes, ai gartref, wele hwy !
Yr awr na man yr oed ychwaith nis gwyddom ;
Y naill fydd iach, a'r llall o dan ei glwy.

At hen dyddynnwr, eled lle yr êl,
Y daw ei annwyl fab ; efo nis gwêl
Yr henwr mwy, ond bydd ei galon wan
Fel cwpan dan ddiferiad diliau mêl.

Neud dros y galon ddewr i'r llawr a roed
Y gwena'r ŷd, y sieryd dail y coed ;
A'i gyfarch gwell i'w dad yw 'madrodd mwyn
Y chwaon ar y twyn o dan ei droed.

Cyferfydd un â'i fun er pridd ei fedd
Pan fo rhyw 'machlud mawr a'i hud ar wedd
Hen lwybrau hoff, a'i threm guriedig hithau ;
A bydd ei eiriau'n anadl serch a hedd.

A'i draserch dan ei bron fel hinon ha'
Ail-blannu'r gwynfyd gynt o'i chylch a wna ;
Bydd melys ar ei min ei fin fel cynt,
Yna fel sŵn ochenaid ymaith â.

Ond arall un a ddaw at lu, a'i lais
A'i eiriau'n glir a llym, a dyma'i gais :
'Pa le mae'ch rhyddid chwi ? Onid er hwnnw
Y rhois fy ngorff i'r bedd a'i ddirfawr drais ?'

Hwythau a safant ger ei fron yn fud
Yn sŵn griddfannau a rhuadau byd
Tan bwys y dwys gaethiwed ; gwelant weithion
Mor ofer greulon oedd y drin i gyd.

James Evans

66.

Disgwyl y Trên

Mewn pentref bach llwyd yn y wlad,
   A'r lloer dros y bryniau yn dlos,
Y gweithwyr yn dyrfa ddi-frad
   Gyfeiriant i'r orsaf fin nos ;
Anghofiant eu lludded yn ieuanc a hen
Wrth feddwl am gartref a disgwyl y trên.

Y gwynt yn y llwyni di-ddail
   Alarai ar lechwedd gerllaw,
A'r orsaf ddirgrynai i'w sail
   Dan fflangell y cesair a'r glaw ;
Ond chware ar wyneb pob gweithiwr wnai gwên,
Wrth feddwl am gartref a disgwyl y trên.

Y dydd a'u gadawodd yn llwyr,
   A llafur pob gŵr yn ei gôl ;
Ystyrient dan adain yr hwyr
   Y cyfle na ddeuai yn ôl ;
Na phallai sirioldeb yr ieuanc na'r hen
Wrth feddwl am gartref a disgwyl y trên.

Daeth cyffro i'r orsaf ar dro,
   A chafod i'r llwyni gerllaw,
Ac wedyn daeth gosteg i'r fro,
   A pheidiodd y cesair a'r glaw ;
Y ddadl ar lafar a'r ddadl ar lên
Dawelodd yn sŵn ymadawiad y trên.

Tariais yn hir ger y fan,
    A gwynt hwyrddydd einioes yn ffrom ;
Ymbiliais am gilfach a glan
    Wrth deimlo y ddrycin yn drom ;
Gwasgarwyd fy mhryder, i'm hwyneb daeth gwên ;
Wrth feddwl am gartref a disgwyl y trên.

Bryfdir

67.

Hyd y Frwynen

Hyd y frwynen ar yr aelwyd,
    Pan yn disgwyl sŵn dy droed,
Gwrendy Gwenno fel mewn breuddwyd
    Su yr awel yn y coed.
O mor unig, yn yr hirnos,
    O mor glaf yw'r galon drom,
Hyd y frwynen eto'n aros,
    Gobaith gyfyd ar ôl siom.

Hyd y frwynen ar nos Galan,
    Ar yr aelwyd lydan lân,
Eistedd wnelai Gwenno'i hunan,
    Synfyfyriai wrth y tân ;
Mesur wnelai'i ffawd ddyfodol
    Wrth y gannwyll frwynnen frau,
Ciliai honno i'r gorffennol,
    Ac mae'i chalon yn trymhau.

Hyd y frwynen wrth y fodfedd,
   Yn ei golwg gilia draw,
Gwylia Gwenno mewn amynedd,
   Gan ddyfalu pwy a ddaw;
Cryna'i chalon gan bryderon,
   Wrth ysgydwad dail y coed,
Clyw, drwy sibrwd dwfn awelon,
   Atsain ysgafn sangiad troed.

Hyd y frwynen sy'n cwtogi,
   Syrth gwreichionen ar y llawr,
Anweledig fys sy'n codi
   Clicied dderw'r gegin fawr;
Lledrith rhywun ymddangosa,
   Calon Gwenno lawenha,
Yn ei llewyrch gwannaidd ola
   Gwenu arno'n siriol wna.

Llew Tegid

68.

Yr Anhraethadwy

Wrth grwydro ffyrdd y goedwig
   Y crwydrwn ynddi gynt,
A dilyn tro'r afonig
   Yn araf iawn fy hynt,
A chofio campau gwirion
   Fy mywyd bach di-lyw,
Mae rhywbeth yn fy nghalon –
   Ond anhraethadwy yw.

Wrth edrych drwy'r hen lyfrau,
　　Ac oedi rhwng eu dail,
A chofio trem a geiriau
　　Hen athro heb ei ail,
A meddwl am gyfeillion
　　Nas gwelais neb o'u rhyw,
Mae rhywbeth yn fy nghalon –
　　Ond anhraethadwy yw.

Mewn hen adeilad isel
　　A siglwyd gan yr hwyl,
A lle bu llawer angel
　　Yn profi blas yr ŵyl,
Yn gymysg â'r atgofion
　　Am feirwon bythol fyw,
Mae rhywbeth yn fy nghalon –
　　Ond anhraethadwy yw.

Ar fynwent neilltuedig,
　　Ymhell o dwrf y dref,
Ar ddaear gysegredig
　　Gan ymweliadau'r nef,
Pan daeno'r hwyr gysgodion
　　Dros gysgod ywen wyw,
Mae rhywbeth yn fy nghalon –
　　Yr anhraethadwy yw.

Gwili

69.

Cân y Caniadau

Ddyddiau mebyd, lawer canwaith
Bûm yn sefyll ar y draethell
Lle'r oedd leddfaf sŵn y tonnau
    Gyda'r nos.

Cysgai'r wylan yn yr agen,
Siglai'r gwymon gan y llanw,
Minnau'n teimlo ar fy ngwefus
    Heli'r môr.

Deuai'r gwynt o bell hafanau,
Yn ei sŵn 'roedd canu morwyr,
Ac aroglau pêr y palmwydd
    Ar ei wisg.

Crwydrai llawer alaw ieuanc
Anwyd ar y cefnfor llydan
Fel amddifad bach digartref
    Tua'r lan.

Gwenai'r lloer yn hollt y cwmwl,
Ar y tywod torrai'r ewyn
Megis brodwaith o lilïod
    Dwyfol wyn.

Seiniau clychau Cantre'r Gwaelod
Godai yn yr hwyrnos dawel
Fel gweddïau pererinion
    Tua'r nef.

Pan oedd leddfaf sŵn y weilgi,
Pan oedd wynnaf y lilïod,
Clywais gân yr holl ganiadau
    Ar y môr.

Codais innau 'nhelyn fechan,
Llif y lloergan ar y tannau,
Ffodd y gân ; gadawodd imi
    Delyn fud.

J.J. Williams

70.

Y Gân Goll

Ynof y trig ; un enw rhyngom sydd ;
Daeth ; sut nis gwn ac nid oedd dewis im ;
A'n bywyd, croch anghydfod nos a dydd,
A chân y cread mwy, nis clywaf ddim ;
I'w weddi a'i reg rhaid i mi roddi llais ;
A phan fo fflam ei nwyd yn f'ysu dro,
Sôn yn fursennaidd dduwiol fyth am drais
Fy nghnawd a'i wyniau brwnt y bydd efo.
Rhaid, rhaid ei oddef eto ronyn bach ;
Eithr Angau, 'nghyfaill cryf, a ddaw – *fe ddaw !* –
I gyrchu'r arch-ragrithiwr. Minnau'n iach
A roir yn ôl i'r ddaear maes o law,
I'r pridd ! A chlywaf eto ar bell hynt
Y gân gyhydlef hen a genais gynt.

James Evans

71.

Y Canu Mawr

(Gweddillion Cerdd)

Crwydro eto rhwng y bryniau,
    Ceisio pabell dyn o hyd,
Y mae'r diymgeledd seiniau
    A wirionodd ieuanc fyd.
Adlef wan y gân a gollwyd
    Ar ryw ddaear gynnar gain,
Gan yr esgud glust fe'i daliwyd,
    Wrth ymwrando rhwng y drain.
Gwyn ei fyd y neb a glybu
    Hen gynghanedd fore dyn ;
Gwyn ei fyd y neb a wybu
    Am freuddwydio ar ddihun.

Mae barddoniaeth Iôr ar dannau
    Lleddf fy hen afonig dlos ;
Ac mi welais ei feddyliau
    Ynddi'n is na sêr y nos.
A dwyn nodau i'm diddanu
    O gymanfa llonnach côr
Mae'r hiraethus don sy'n canu
    Cerdd ei chartref yn y môr.

Rhua'r gwynt o gylch fy mwthyn,
    Chwyth yr haf o frigau'r llwyn ;
Ond mi glywaf dreiddgar emyn
    Rhyw eneidlef ddistaw fwyn.

Ac mi wn, er mynych ddolef
    Ysbryd cerdd ar fryniau coll,
Y daw'r hen delynau adref
    Eilwaith â'r gynghanedd oll.

* * *

Y mae gwaed y duwiau'n gynnes
    Ynom eto, ddwyfol fardd ;
Ennyn eirias dân y fynwes
    Y mae trem ar feinir hardd.
Dwys edrychiad enaid unig,
    Gyfnos mwyn, i galon merch,
A'r briodas anweledig,
    Ydyw swyn anniflan serch.

Rhawd eneidiau hoff, yn rhwydau
    Tynged ffrom, yn drysu'n lân –
Penyd serch, ar hyd yr oesau –
    Roes i fyd angerddol gân.
Y mae Dante'n dal i ganu
    I flodeuyn nef o hyd ;
Ac mae clwyfau prydydd Lleucu
    Eto'n glwyfau calon byd.

* * *

Meddwl caeth rhwng muriau'i garchar,
    Ysbryd dyn am dynnu'n rhydd,
Yw barddoniaeth dristaf daear,
    A'r drasiedi fythol brudd.

Aed Promethews fry i'r nefoedd,
   Dyged dân y duwiau i lawr,
Ymgynhyrfa tad y bydoedd,
   A datguddia'i ddicter mawr :
Crog y duwddyn ar y creigiau,
   Ac ni wrendy ar ei lef
Pan ddyneso brain y gwaeau
   I ymborthi arno ef.

O, farddoniaeth erch yr oesoedd,
   O, farddoniaeth Tynged brudd !
Y mae Crist ar fryn yr ingoedd,
   A Barabas fyth yn rhydd.
O, waredwyr hy dynoliaeth –
   Gwŷr a ddug y tân o'r nef –
Caiff y cigfrain hwy'n ysglyfaeth,
   Oes yr hil, medd Tynged gref.

Ond mae'r barrau heyrn yn treulio,
   Ac mae'r ysbryd yn cryfhau ;
Tynga'r nwyd ddiorffwys ynddo
   Na chaiff gelyn arno gau.
A daw cadarn fraich i dynnu
   Arwr tân y nef yn rhydd ;
Ac mae angau'r groes yn mynnu
   Trannoeth teg a thrydydd dydd.

Clywaf seiniau'r gerdd ddisberod
   Oll yn dyfod tua thref,
Fel ehedeg colomennod
   I ffenestri nef y nef.

Ac ar ôl eu dyfod adre,
  Daw eu hoen yn ôl yn llwyr ;
Fel cyd-ganu sêr y bore
  Y bydd miwsig mawr yr hwyr.

Gwili

72.

Gwerddonau Llion

Clywais glod Gwerddonau Llion
  Yn fy mebyd pell ;
Profais hud y cain orwelion
  A'r ardaloedd gwell ;
Deffro ysbryd y pererin
  Diflin yn ddi-oed
Fynnai'r sibrwd, ond mae'r grawnwin
  Eto ar y coed.

Mewn myfyrion a breuddwydion
  Crwydrais erwau blin ;
Chwiliais am Werddonau Llion
  Dan anwadal hin ;
Cyrchu atynt oedd fy ngwynfyd
  Dan wên haul a sêr, –
Tybio'u canfod trwy'r ymachlud
  Ambell hafnos bêr.

Croesais foroedd a mynyddoedd
  Ar fy ymchwil hir ;
Fy nisgwyliad melys ydoedd
  Yn lladmerydd gwir ;

Teimlo'n agos yn y pellter
   Anfesurol wnawn, –
Teimlo 'nghalon, er ei gwacter,
   Lawer tro yn llawn.

Ni ddaw hun na chwsg i hanes
   Y pererin brau,
Ymwregysodd at ei neges
   Cyn i'r wawr ddyddhau ;
Cael a gais ar ymchwil ffyddlon
   Wnaiff dan wawr pob nef ;
Onid yw Gwerddonau Llion
   Yn ei galon ef ?

                            Bryfdir

73.

Carpe Diem

(Horas, *Carmina* I, xi)

Na hola pa ryw dynged inni a rydd
Y duwiau, eu cyfrinach hwy yw hon ;
Na chais gan sêr-ddewiniaid Babilon
Ei datgan iti drwy gyfrifon cudd.
P'ond gwell ei goddef, ni waeth beth a fydd ?
Boed llawer gaeaf it, neu boed i don
Dy aeaf olaf hwn ymlâdd ar fron
Y greiglan yn ei gwrthwynebu y sydd.
Bydd doeth, anwylyd, gloywa'r cochwin, gwêl,
Nad yw edefyn oes ond byr a brau,
Nac oeda i goledd pell obeithion gau ;

A ni'n chwedleua, amser ar aden gêl
A ddianc heibio ; dyred i fwynhau
Heddiw, na chyfrif ar ryw ddydd a ddêl.

Sarnicol

74.

Yr Hafaidd Nos

O ! falmaidd hafaidd hwyr,
Distawodd byd yn llwyr
 I wrando'th suon di.
Y grwydrol chwa lesgâ i gwsg
Dan swyn aroglau rhos a mwsg,
 A huno bron mae sŵn y lli.

Swil adar cudd y gwair a'r ŷd,
Eu seiniau hwy sydd swyn a hud
 O dan dy esmwyth aden di.
Na thorred sain, O dyner nos,
Ar ysgafn hun Aurora dlos :
 Rhy fyr, rhy fyr ei chyntun hi !

O ! dawel nos o haf,
Dy falm lonyddo'r claf,
 Dy suon leddfo'i loes.
Na wyped cwsg y gweithiwr blin –
Y cwsg a ŵyr dy rywiog rin –
 Ar fore dydd mor fer dy oes !

Alafon

75.

Hydref

Mwyach ni chwery'r tes
   A'm dallodd lawer tro ;
Nid erys grym y gwres
   A lethai fryn a bro ;
Ond dwg yr awel ryfedd rin
O foel ac allt sy fel y gwin.

Mawr ryfyg anterth Mai
   Mwy ni chynhyrfa 'mron ;
Gorllanw y gân yn drai
   A droes o don i don ;
Ond deil aderyn yn fy nghlyw
I ganu ei gerdd ar frigyn gwyw.

Y dyddiau'n chwim a ffoes,
   Aeth y cynhaeaf gwyn ;
Yr Hydref hael a roes
   Ei eurwe ar y bryn ;
A thraw dihidla heulwen gêl
Ar lain y môr oleuni mêl.

Sarnicol

76.

Deryn yr Hydref

Daeth Deryn yr Hydref i ganu
Ar goeden ddi-ddail ger fy nhŷ,
A'r llwyni gerllaw yn galaru
A'r storom yn codi ei rhu.
Dolefai y corwynt digartref
Wrth guro yn erbyn y mur ;
Ond canu wnâi Deryn yr Hydref
Dan gryndod a chafod a chur.

Cyfeiriais i'r heol gyferbyn,
Dan ruthr didostur y glaw ;
Gwrandewais ar faled hen grwydryn
A'i sypyn yn llaith yn ei law ;
Symudai yn llesg, gan lygadu
Yn ofer am gardod a gwên ; –
Aderyn yr Hydref yn canu
A'i ysbryd yn ieuanc a hen.

Dychwelais yn drist i'm hystafell,
Heb haul i'm sirioli na hoen,
A theimlais gortynnau fy mhabell
Yn ildio i henaint a phoen ;
Gollyngais fy enaid er hynny
I'r alaw bereiddiaf is nen ; –
Aderyn yr Hydref yn canu,
A barrug yr hwyr ar y pren.

Bryfdir

77.

Lenôr

Drwy yr hirnos dwfn fyfyriais, drosodd drosodd mi ystyriais
    Brudd-ymddiddan bardd anniflan efo'r gigfran uwch y ddôr;
Nes y teimlais fod bodolaeth fel rhyw gysgod o farwolaeth,
    Ac mai ofer yw eiriolaeth pan ddêl adfyd fel y môr;
'Och!' dolefais, 'be dâl wylo? Oni chauodd Angau'i ddôr
    Ar y feinir fwyn Lenôr?'

Bron na theimlwn yn f'ystafell fel gwallgofddyn yn ei gafell,
    A'i olygon byth yn gwibio yn ddiorffwys yma a thraw;
Bron na theimlwn fod y cerrig arnai'n rhuo yn rhyferig,
    'Dianc, adyn, rhag y perig sy'n dy fygwth ar bob llaw!
Serch it gael rhyw gipdrem heno ar gymylau brӧydd braw,
    Nid yw ddim i'r hyn a ddaw.'

Ffoais allan yn orffwyllog, ymaith rhedais yn amhwyllog,
    Fel petai rhyw ddig ellyllon yn fy erlid drwy y nos;
Weithiau dringwn y clogwyni, wedyn treiddiwn trwy'r tewlwyni,
    Ymbalfalwn rhwng y twyni, neu ymlusgwn hyd y rhos;
Nes daeth adlais o'r gorwelion, 'Oddi yma byth na ddos
    Heb gofiannu'r fanon dlos.'

Yna'n ofnus meiddiais holi, 'Pa les imi fyddai moli
    Un enynnodd gerdd anfarwol wedi peri marwol glwy?
Beth a ddigwydd im os canaf innau alar-gerdd ddianaf
    I Lenôr y rhiain lanaf? Beth a ddaw ohonof mwy?'
Fe ddaeth ateb, 'Onid dedwydd a bendigaid fyddant hwy
    Gawsant ganddi farwol glwy?'

Wedyn holais, 'Ond ble triga'r fwyn gariadferch a'm bendiga?
    Parod wyf i ddioddef erddi unrhyw lafur, unrhyw loes;
Af a threiddiaf i'r pellterau, mi wynebaf bob blinderau,
    Gwenaf dan bob anhwylderau, caraf hi holl ddyddiau'm hoes.'
Dyna'r ateb, 'Er dy ymffrost, paid â'i cheisio onid oes
      Gennyt nerth i ddwyn y groes.'

'Lais dieithrol, pam y poeni un sydd eisoes yn dihoeni,'
    Felly llefais yn y ddunos, 'ble mae rhawd y rhiain wen?
Hyd ba lennyrch mwyn arddunol, hyd ba ddyfroedd byth ddymunol,
    Ym mha encilfeydd gwanwynol, os yw eto is y nen?'
Cefais ateb dorrai'm calon, 'Os dymuni godi'r llen,
      Chwilia'r byd o ben i ben.'

Gyda hyn fe lwyr ddistawodd, i'm hunigedd fe'm gadawodd,
    Heb ymwared ar y ddaear, ac heb wawr o obaith fry;
Ataf mwy ni ddaw llawenydd fel ehedydd ar adenydd,
    Ac ni chaf i'm pen obennydd, nac i'm traed orffwysfa gu,
Nes cusanaf innau'r fynwes i bob bardd yn fywyd fu,
      Eto'n waeth nag Angau du.

Ar fy enaid trymach, trymach, yn fy nghalon llymach, llymach
    Elai delw'r fun fendigaid eilw'r awen yn Lenôr;
Yna troais at y tonnau oedd yn curo eu dwyfronnau,
    Ac yn arllwys eu calonnau fel rhyw farwnadol gôr;
A gofynnais oni wyddent ym mha ran o deyrnas Iôr
      Cawn gymundeb â Lenôr.

Codai'r gwynt ei lef gwynfanus, mud wrandawai'r graig oedrannus,
  Minnau dybiais glywed atsain leddf yn dyfod dros y môr;
Daeth yn drymllyd fel ochenaid o ryw archolledig enaid
  Wylai am gydymaith cannaid wedi mynd i'r nefol gôr –
Yno i ganu yn dragywydd o gylch gorsedd wen yr Iôr –
  Wylaf innau am Lenôr.

Ar y traeth dechreuais gefnu, yn fy meddwl ceisiais drefnu
  Ble i chwilio am y feinwen roes boenydiol gur i 'mron;
Onid gwell a fyddai huno, er mwyn gorffwys a dadflino?
  Fory hwyrach caf ymuno hefo llu'r gwibdeithwyr llon
Gyrchant beunydd yma ac acw mor ddi-boen ar dir neu don,
  Dedwydd dyrfa'r ddaear hon.

Dacw'r wawr ar ael y dwyrain, O! nad allwn wneud arwyrain,
  Fel yr adar mân a bynciant gân o foliant yn y llwyn;
Wele'r porffor yn ymblethu hefo'r aur a minnau'n methu,
  Gan y gofid sy'n fy llethu, eilio dim ond galar-gŵyn;
Ond dywedaf wrth y wawrddydd, 'Dilys yw dy fod yn dwyn
  Achles yn dy fynwes fwyn.'

Chwim ddylifa'r dydd ymdaenol dros y bryn a thros y faenol,
  Dwg i ddyn a milyn weithion ryw fendithion yn ei law;
Ond trymhau y mae fy mhryder a gwanhau y mae fy hyder
  Am iachâd o'r cur sy'n trydar yn fy mynwes yn ddi-daw:
Och! Oleuni, ddoist i'm gwawdio? Gwell im fyddai bröydd braw
  I ymguddio rhag a ddaw.

Suddo wnâi fy enaid gwanllyd, ond 'roedd traserch byth yn danllyd,
    Ac mi gyrchais tua'r ddinas lle mae moethau'n amlhau ;
Gwelais ddeuddyn yn priodi ac offeiriad yn arddodi
    Dwylaw arnynt er dynodi bod dedwyddwch i barhau ;
Ond cyn hir fe ganfum gwmwl ar yr undeb yn pruddhau,
        Ac yn duo bywyd dau.

Tua bwth y teulu gweithiol euthum wedyn yn obeithiol,
    Pwy a ŵyr na chaf hi'n cuddio'i thegwch dan ryw garpiau llwyd ?
Yno gwelaf ael ffyddlondeb, yno gwelaf wên bodlondeb,
    Yno hefyd law rhadlondeb yn cyfrannu'r tamaid bwyd ;
Ac mi welaf ddagrau galar yn dwfn-rychu'r graith na chwyd ;
        Ond Lenôr, ym mha le'r wyd ?

Wedi hyn yn araf araf cerddais tua lle ni charaf,
    I balasdy'r gŵr pendefig, ac mi gurais wrth y ddôr ;
Yno hawddfyd oedd yn gwenu, ac ardduniant yn hud-ddenu,
    Odid nad oddi yma'r heny swyngyfaredd yn ystôr ;
Ond er bod rhyw ddwfn ddiddanwch yno'n chwyddo fel y môr,
        Ofer edrych am Lenôr.

I leiandy neilltuedig crwydrais wedyn yn flinedig,
    Curais wrth y ddôr yn wylaidd, holais am ei hencil hi ;
Yno gwelais fwyn rianod, yn ymdyrru fel gwylanod,
    Henffych i chwi, lân leianod, Duw fendithio'ch dyddiau chwi ;
Gwelaf arnoch bob rhinweddau, tegwch a gwyryfol fri,
        Ond 'Lenôr' yw byth fy nghri.

Oddi yno'n brysur ciliais, a thrachefn yn ddyfal chwiliais,
   Ac edrychais ar y blodau'n tyfu i addfedrwydd haf;
Gwelais hefin yn gorsafu, dwylaw Medi'n cynaeafu,
   Wedyn Rhagfyr yn gaeafu nes aeth gwedd y byd yn glaf;
Ac mi waeddais mewn anobaith, ' O! anwylwyd, oni'th gaf,
     I dir angof eto af.'

Distaw daena'r nos ei llenni dros y moroedd a'r wybrenni,
   Ar y bryn a thros y dyffryn wele'r dydd yn newid gwedd;
O blith dynion mi ddihangaf, drwy y ddunos ymgrafangaf,
   Yn flinderus af nes sangaf lle mae Angau'n gwneud ei sedd;
Mewn eneidiol ing dolefaf, ' Ni chaf mwyach brofi hedd,
     Ond yn nhywell fro y bedd!'

Ha! Be welaf yn tywynnu drwy y caddug oddi fyny,
   Yn fwy llachar na'r goleuni, yn fwy hardd na'r fore wawr?
Dacw'i hwyneb arnai'n gwenu, dacw'i llygaid yn serennu,
   Fel pe carai hi fy nenu o'm dir boen a'm trallod mawr;
Dyma falmau byth i'm dolur! Dyma'm gwynfydedig awr!
     Fun fendigaid! Tyrd i lawr.

Heno marw yw fy nghalon i bob ofnau a gofalon,
   Diogel wyf ym mro'r cysgodion rhag tymhestloedd tir a môr;
Yma peidiaf â chwynfanu, yma hyfryd yw cofiannu,
   Fry mi glywaf sŵn moliannu a dyrchafu enw'r Iôr;
Ond melusaf yn telori ymysg llu'r angylaidd gôr
     Imi lais y fwyn Lenôr.

                          Elphin

78.

Carcharor

Wyf eryr a wybu ryddid y nef
 A'm cynefin ar fynydd pell,
Yn ysig fy esgyll a'm bron yn friw
 O ymladd â gwiail fy nghell.

Ystlysau'r uchelion yn llygad haul
 Yn hamddenol a gyrchwn gynt ;
Ac oedi i hedfan cyn disgyn, dro,
 I'm hannedd yn nannedd y gwynt.

Wyf aer ehangder ond heb fy ystad,
 Ac yng ngolwg fy henfro bell ;
O na chuddid yr awyr las o'm gŵydd
 Neu na ddryllid gwiail fy nghell.

Ac oni chaf drengi ar fyr o dro
 Neu ehedeg i'm cartref, fry –
Na fydded nef byth i'w gweld oddi draw,
 A difoder cof am a fu.

Moelwyn.

79.

Draw Ymhell

(Efelychiad)

Draw ymhell mae'm cartref – draw ymhell,
   Wrth fynyddig lan gusana'r lli.
Gweled 'rwyf bob dydd fy mrodyr rhydd
   Ger y llwyn, a'm chwaer a'i blodau hi,
            Draw ymhell.

Draw ymhell mae 'mreuddwyd – draw ymhell,
   Pan y dawel nos deyrnasa'n hardd.
'Blentyn mwyn,' medd llais yr hon a'm cais,
   'Dilyn fi i'r cartref byth a chwardd –
            Draw ymhell.'

Draw ymhell mae 'ngobaith – draw ymhell,
   Lle gall cariad adfer ieuanc hoen.
O na chawn d'adenydd, g'lomen glws,
   I ehedeg draw i'r lan ddi-boen
            Draw ymhell!

Alafon

80.

Sonedau y Nos

(Detholiad)

VI.

Barddonais yn y cyfnos, O ! mor brudd,
Ing enaid oedd yn trydar drwy fy nghân ;
O ! wynfyd, nid dy golli di a wân
Drwy'r fynwes â'r deufiniog lafnau cudd ;
Na Eden, nid dy golli greithia'm grudd,
Ond cofio'r mwyn oedfaon, cofio mân
Suadau serch a swyn dy lennyrch glân
Pan rodiai dedwydd ddau dy lwybrau rhydd,
Yw'r aeth a wnaeth fy nydd yn fythol nos ;
Ni cherddaf mwy hyd lannau'r dyfroedd byw,
Ni chwarddaf mwy uwchben y sypiau gwin ;
Ond dwyn y draen a wnaf heb wrid y rhos,
Am hynny gweaf gân y blodyn gwyw,
Am hynny odlaf gerdd y ddeilen grin.

VII.

Cofleidiaf di, y Nos, cusanaf di ;
I'th fynwes mi anadlaf dristaf gŵyn
Fy enaid llesg. I brudd encilion llwyn
Ni ddaw dygasedd brad na ffalsedd bri
I frathu'r fron. Anwylaf wyt i mi
O ddulliau anian. O ! dy ddiell fwyn
Fireinedd a'th dangnefedd – mwy dy swyn

Lled-glaer, lled-dywyll gyda'th ddieithr si
Na rhwysg yr haul ar eirias rawd y dydd.
Ffyddlonaf Nos, â thi yng nghwr y coed
Serch-amod wnaf, a phan fo'r fwyalch bêr
Yn pyncio'i chwsg-alawon clywaf gudd
Sidanau'r hwyr yn dod i gadw oed,
A chwrddaf di yn aur-gynteddau'r sêr.

XIII.

O ! eang Nos, deneued yw y we
Ddigyffwrdd anhraethadwy faith ymdaen
O bwnc i bwnc, o amgylch, ôl a blaen,
Lle claer dywynna goleuadau'r ne ;
Deneued yw ! Pob llusern yn ei lle
Ddechreunos yn hudolus dywys-faen
A welaf. Ond er hynny, haen ar haen
Yw'r cen sy'n cuddio Duw a'i hanfod e.
Fe ddenaist ddwyrain a gorllewin byd
I chwilio cyfrinachau'r cread mawr,
I holi o ble daeth, ac i ble'r â ;
Ond ni ddaw ateb o'r ehangder mud,
Y ddofn gyfrinach gêl yr olau wawr,
A'r bruddaidd Nos yn ddistaw byth barha.

XVI.

Gofidiaf yn yr hwyr – hi ŵyr paham.
Tydi y newydd loer â'th fwa main,
O gweli hi ryw bryd â'i gosgedd gain,
Ymliwia'n daer â'r feinael fanon am
Ddibrisio'r galon rodd bryderus lam

Wrth glywed sŵn ei throed ar hyfryd lain ;
Och ! Dywed fod ei gwg fel pigau drain
Yn gwaedu'r fron a'i câr. O gam i gam
Mi gerddaf tua'r bedd dan ddistaw ddwyn
Y dolur cudd a gefais gan y fun
Oedd fwy na'm henaid im. O ! ieuanc loer,
Tyrd eto i wenu uwch y deiliog lwyn
Lle cwrddai dau, ni weli ddim ond un
Â chusan angau ar ei wefus oer.

XIX.

Mi welais ddelw oer y Wenlloer fwyn
Yn oriau nawn ar fron afradlon ddydd ;
Dolefais ba ryw drais neu ba ryw brudd
Drychineb fu i draserch beri dwyn
Oddi ar y Nos arddunedd lli a llwyn ?
O ! wynned yw, ba gyni arni sydd ?
Ai trengi wna â hiraeth ar ei grudd
Am fröydd hud y sêr a'u bythol swyn ?
Ai niwliog Nos anolau fyddi mwy ?
Na, cariad orfydd, eto gwelaf hi
Yn adfywhau ar bwys dy fynwes di ;
O ! Nos, bydd lawen, dedwydd fyddant hwy
Gânt ail-ymuno. Och ! Nid oes i mi
O'r glân wynepryd gerais ond oer glwy.

XXIV.

Pe collwn di, y Nos, pe collwn di,
(Ofnadwy syniad) gwaeth fai'm byd na bedd ;

Pe trawsfeddiannai'r dydd dy orddu sedd,
Och ! Pwy wrandawai ar riddfanol gri
Anniddig grwydryn ? Pwy a'm noddai i ?
Mi ffown o ŵydd yr haul a'i lachar wedd,
I deithio'r dwfn yn adyn coll di-hedd ;
A'r nos a'i lluoedd sêr a'i lleddfol si,
Ei gwlith a'i haden lwyd a'i dwyfol daw,
Ni chawn i weini i'm heneidiol glwy ;
Ond gwyllt ymwibiai rheswm yma a thraw
Drwy'r cread mawr a thrwy'r diddymdra mwy,
Nes dyfod Cwsg ac Angau law yn llaw,
I'm huddo dan eu du adenydd hwy.

XXV.

Pan swrth orweddai'r caddug dros y cwm,
A chwaon hwyr yn marw yn y coed,
A'm gofid innau'n drymach nag erioed,
Gafaelais yn fy nhelyn fu ynghlwm
Drwy'r gaeaf oer wrth frig yr helyg llwm.
Bu ganddi gerdd i draserch ysgafn droed,
A duwies swyn fu'n dwyn ei deunaw oed
Fel blodau ar ei grudd. O ! alaeth trwm ;
Mae'r gwanwyn eto'n dyfod gyda'i gân
A'i flodau syw a'r glesni yn y glyn,
A llawen yw'n bywhau cuddfannau hud ;
Ond ble mae'r ddewis fun enynnodd dân
Fy mynwes gyda'i gwên a'i mwnwgl gwyn ?
Fy nhelyn fwyn, paham yr wyt yn fud ?

XXXI.

Ymdawdd wybrennydd, mynydd mawr, a môr
Yn un gynghanedd heno, daeth rhyw fwyn
Ddylifiad fel o gêl ffynhonnau swyn
Dros draethau amser. Ai ysbrydol gôr
O'r anwel beraidd byncia fawl i'r Iôr?
Cusana'r lloer y lli, mae'r ffrydiau'n dwyn
I'r wendon serch-sibrydion llyn a llwyn,
Ac awgrym ddaw i ddyn drwy gyfrin ddôr
Y cread o ryw undeb dwyfol hardd
A dreiddia drwy'r cyfanfyd; tithau'r Nos,
Delweddu wnei y dylanwadau cudd;
O'r llwydwyll byw-ymrithia i wyddfod bardd
Ei ddelfryd hoff, a genir odlig dlos
Neu awdl gain neu farwnad felus-brudd.

XLII.

O! rith, paham y torri ar fy hedd?
Ba les yw gwysio gwan glwyfedig ddyn
A fynnai orig fach o felys hun
I leddfu'r clais sydd fwy na chreithiau'r cledd?
Och fi! Anwylyd, wynned yw dy wedd,
Och! Lased dy wefusau; eto'r un
Wyt byth â phan addolwn i dy lun
Cyn dodi lili'r dyffryn yn y bedd.
O! fun fy enaid, aros ennyd hwy,
Ni'm dawr os egru wnaeth y bywiol win;
Cei roi y cusan marwol ar fy min,
A chyda thi ymrithiaf ymaith drwy
Y cyfrin borth, a thros y ddistaw ffin,
I'r fro na edwyn gân na griddfan mwy.

XLIII.

O ! Buan doed y benodedig awr
I'm gollwng ymaith a bod eto'n un
Â hi'r fyth-gannaid, fyth-fendigaid fun ;
Ei cheisio wnaf i fyny ac i lawr
Drwy'r ddyfnaf nos, drwy bellaf byrth y wawr,
A chyda hi mewn undeb byth-gytûn,
Yn gymhleth â chyfrinion bod ei hun,
Caf edlym dramwy drwy'r ehangder mawr.
Ti'r seren glaer o'th wengaer yn y nen,
Boed fwyn it anfon un pelydryn chwim
Ar ymchwil am y gu ofuned goll ;
Rho wybod ddirwyn o'm byr ddydd i ben,
Rho wybod nad oes rhyngom ond y dim
A'm ceidw rhag ei meddu oll yn oll.

Elphin

81.

Yn y Tro

'Do, mi fûm o'r blaen fan hyn,'
  Meddwn ynof f'hun ;
O ble daeth yr atgof syn ?
  Pwy ŵyr hanes dyn ?

Llannerch hoff, gynefin im,
  Ger fy mron a ymdaen ;
Ni newidiodd yma ddim
  Er rhyw oes o'r blaen.

Ac mi wn os dof yn ôl,
  Mewn rhyw oes a ddaw,
Y bydd coed y maes a'r ddôl
  Eto'n codi llaw.

Do, mi fûm o'r blaen fan hyn ;
  Ac er pallu o'm co',
Daeth i mi ryw atgof syn,
  Acw – yn y tro.

Gwili

82.

Dros y Ffin

Yng ngwyll y ffin dywedent hwy,
  A thybiwn i fod hynny'n wir,
'Nis gwelir mwy, nis gwelir mwy :
  Ddaw neb yn ôl o'r dirgel dir.'

Ond drosodd daethost lawer gwaith
  I sibrwd wrthyf, mi a wn ;
A mi ni holais am y daith :
  Rhy sanctaidd yw'r dirgelwch hwn.

Ni wyddant hwy, ond gwyddost ti
  A minnau, am y troion hyn :
Ti'n taflu trem neu air, a mi
  Yn gwrando ac yn sylwi'n syn.

Aderyn llwyd, nas gwn o ble,
   I'm gardd ddaw ataf ambell dro ;
A diarwybod fel efe
   Y deui dithau o dy fro.

A mi yn brudd, heb achos mawr,
   Ti weni eto, megis cynt ;
A chywilyddiaf dan dy wawr,
   A ffy y pruddglwyf ar ei hynt.

Daw hiraeth, neu anhawster blin,
   I'm rhwystro weithiau ar y daith ;
Doi dithau weithiau dros y ffin,
   A'th air i mi yn ysbryd gwaith.

Mi wn fod ffin, mi wn fod llen,
   Yn cuddio'th wlad oddi wrthym ni ;
Ond gŵyr fy nghalon fwy na'm pen ; –
   A'r ddirgel ffordd a wyddost ti.

Alafon

83.

Yr Afael

Fy llestr bregus sydd â rhwd
Yn llygru'n grin ei wedd i gyd,
Pallodd fy ngwanc cythryblus, brwd,
Am hynt y môr a gweld y byd.

'Rôl mallu yn yr haul yn llwch,
A phydru yn y glaw cyhyd,
Druain o hwyliau balch fy nghwch
A'm dug i bedwar ban y byd.

Heno, a'm llygaid ar y don,
A'm bryd yn gaeth i'r llewych pell,
Clywaf y llanw yn fy mron :
Dued y nos a doed hin hell,

Gwthiaf i'r dwfn glas, di-lwybr,
Heb hwyl na chwmpas. Pwy a ŵyr
Na chyfyd seren yn yr wybr ? –
'A bydd goleuni yn yr hwyr.'

Dyfnallt

84.

Yn Gyfamserol

Pan fo'r bannau yn y golwg
    O isterau 'nghalon ddofn,
Rhag i obaith noeth fy nhwyllo
    Gwisgir ef â mantell ofn.

Pan orchuddio'r nos y bannau,
    Rhag i ofn fy nharo i lawr
Gwisgir ef â mantell gobaith,
    Wedi ei gweu o edau gwawr.

Moelwyn

85.

Sŵn a Lliw

(Dysg gwyddoniaeth fod perthynas rhwng sŵn a lliw.)

Gwisga sŵn ei fantell liwiog –
Amwisg o oleuni têr;
Ac o galon lliw'n ddiatal
Llifa ffrwd o nodau pêr.

Beth yw blodyn onid nodyn
Wedi ymwreiddio yn fy ngardd?
Hithau sain, beth yw ond blodyn
Yn ei ryddid diwahardd?

Gwelaf seiniau'n dringo a dringo,
Yna'n disgyn ataf i;
Clywaf leisiau blodau'r tonnau
Pan fo'r lleuad ar y lli.

Moelwyn

86.

Cyflog Byw

Nid yw'r gweithiwr syml yn gofyn
Llawer iawn o foethau'r byd;
Hawdd yw rhifo'i holl anghenion,
Hawdd eu mesur oll ynghyd;
Nid yw chwaith yn eiddigeddu,
Er a wêl ac er a glyw:
Dyna'r oll y mae'n ei ofyn –
Cyflog byw.

Chwi, sy'n derbyn ffrwyth ei lafur,
 Ac yn cael bywoliaeth fras,
Gŵyr mai chwi sy'n trin y fasnach,
 Ac yn deall dwfn a bas ;
Gŵyr eich bod yn dewr anturio,
 Gan ddarparu hwyl a llyw :
Gŵyr y dylech hefyd roddi
  Cyflog byw.

Gwir mai gwell i lawer gweithiwr
 Fyddai llai o borthi blys ;
Gallai fod eich llwyddiant chwithau
 Weithiau'n gwrthod dod ar frys ;
Ond mae ysbryd mwy na dynion –
 Ysbryd cryf Cyfiawnder yw –
Ddywed, 'Teilwng yw i'r gweithiwr
  Gyflog byw.'

Gofal mawr yw gofal cartref –
 Cysegredig ofal trwm ;
Oer yw'r byd, a chreulon anfon
 Iddo blant yn oer a llwm ;
Cudd a thywyll yw'r dyfodol,
 Gall yr iechyd droi yn wyw :
Doed a ddelo, iawn rhoi heddiw
  Gyflog byw.

Hir fu'r galw, dwys fu'r erfyn, –
   Galw ac erfyn eto sydd ;
Os na roir cyn hir wrandawiad,
   Pwy all ddwedyd beth a fydd ?
Uwch ac uwch y cwyd y lleisiau,
   A'r bygythion o bob rhyw :
Doeth yw rhoddi i bob gweithiwr
     Gyflog byw !

Alafon

87.

Emyn Diolchgarwch

Ymostwng ar ein deulin
A wnawn wrth fwrdd y brenin,
A moli'r Iôr am gofio'n gwlad
Â'i ddoniau rhad yn ddibrin ;
Bu'r haul a'r gwlith a'r gafod
I'w cyhoeddiadau'n dyfod,
I baratoi y cnydau bras, –
Cenhadon gras y Duwdod.

Dan wenau hael Rhagluniaeth,
Rhesymol yw'n gwasanaeth
Yn rhoi i Dduw ein diolch pur
Am arbed cur dynoliaeth ;
Ein calon fyddo'n esgyn
Mewn gweddi daer ac emyn,
Am iddo'n gwared trwy ein hoes
Rhag profi loesau newyn.

Ni phallodd trugareddau
Y nefoedd trwy'r canrifau ;
Bob bore deuant at ein dôr
Fel llanw'r môr i'r ffrydiau ;
Er crwydro ar ddisberod
Drwy anialdiroedd pechod,
Daw gofal Duw drwy'r gwynt a'r tes
I'n gwasgu'n nes i'w gysgod.

Ei ysbryd gyda'i roddion
Fo inni'n gwmni cyson ;
O brofi ei agosrwydd ef
Cawn orau'r nef i'n calon ;
Na fydded i'n heneidiau
Newynu mewn carcharau
A bara'r bywyd yn y wlad
Dan fendith tad pob doniau.

Bryfdir

88.

Pwy yw Bugail y Briallu ?

Pwy yw bugail y briallu,
    Fwyn finteioedd ffridd a ffos ?
Pa ryw lais a'u dysg i wenu
    Yn y rhewynt ar y rhos ?

Pa chwibanogl fu'n eu galw
    O'u gaeafol hun mor bêr?
Hwythau'n deffro, yma ac acw,
    Mor ddi-sŵn â'r milmyrdd sêr.

Riniwr annwyl! Hwn a'u tywys
    Ar ei ôl i'r fan a fyn:
Fry i'r llethrau noethlwm, dyrys,
    Lawr i encilfeydd y glyn.

Gofal dyn fu acw'n plannu
    Rhos-welyau plasty ffawd:
Pwy a wisgodd â briallu
    Gloddiau gardd y weddw dlawd?

Gwelais ddoe glystyrau'n dringo
    Ochrau serth y gledrffordd draw;
Rhuthrai'r trên fel taran heibio, –
    Hwythau'n chwerthin ar bob llaw!

Rhaid bod bugail i'r briallu,
    Wasgaredig breiddiau mwyn;
Pwy fel ef am ragofalu,
    Fugail symledd, fugail swyn!

Hollbresennol dirion allu,
    Iôr y nef! Ai nid tydi,
Dad y gwanwyn a'r briallu,
    Ydyw Bugail f'enaid i?

J.T. Job

89.

Craig yr Oesoedd

('Rock of Ages', A.M. Toplady)

Craig yr Oesoedd! cuddia fi,
Er fy mwyn yr holltwyd di ;
Boed i rin y dŵr a'r gwaed,
Gynt o'th ystlys friw a gaed,
Fy nglanhau o farwol rym
Ac euogrwydd pechod llym.

Ni all gwaith fy nwylaw i
Lenwi hawl dy gyfraith di ;
Pe bai im sêl yn dân di-lyth,
A phe llifai 'nagrau byth,
Iawn ni wnaent i gyd yn un, –
Ti all achub, ti dy hun.

Dof yn waglaw at dy groes,
Glynaf wrthi trwy fy oes ;
Noeth, am wisg dof atat ti ;
Llesg, am ras dyrchafaf gri ;
Brwnt, i'r ffynnon dof â'm clwyf ;
Golch fi, geidwad, marw'r wyf.

Tra fwy'n tynnu f'anadl frau,
Pan fo'r llygaid hyn yn cau,
Pan fwy'n hedfan uwch y llawr,
Ac yng ngŵydd dy orsedd fawr,
Graig a holltwyd erof fi,
Gad im lechu ynot ti.

Alafon

90.

Pwy a'm Dwg i'r Ddinas Gadarn ?

Pwy a'm dwg i'r Ddinas gadarn,
    Lle mae Duw'n arlwyo gwledd,
Lle mae'r awel yn sancteiddrwydd,
    Lle mae'r llwybrau oll yn hedd ?
        Hyfryd fore,
     Y caf rodio'i phalmant aur.

Pwy a'm dwg i'r Ddinas gadarn,
    Lle mae pawb yn llon eu cân,
Neb yn flin ar fin afonydd
    Y breswylfa lonydd lân ?
       Gwaith a gorffwys
    Bellach wedi mynd yn un.

Pwy a'm dwg i'r Ddinas gadarn,
    Lle caf nerth i fythol fyw,
Yng nghartrefle'r pererinion –
    Hen dreftadaeth teulu Duw ?
       O ! na welwn
    Dyrau gwych y Ddinas bell.

Iesu a'm dwg i'r Ddinas gadarn :
    Derfydd crwydro'r anial maith,
Canu wnaf y gainc anorffen
    Am fy nwyn i ben fy nhaith ;
       Iachawdwriaeth
    Ydyw ei magwyrydd hi.

Moelwyn

Ambell Nodyn Bach

Rhif

2. **Manase.** Brenin ar Jwda. Gwnaeth lawer o ddrwg, ond wedi ei gaethgludo fe edifarhaodd, yna dychwelyd i'w wlad a gwneud llawer o dda. 2 Brenhinoedd 21 a 2 Cronicl 33. 'Golchwyd Magdalen yn ddisglair / A Manase ddu yn wyn.' medd yr emyn.

7. **Ar dŷ Obededom a chartref yr Arch.** Am iddo letya Arch y Cyfamod am dri mis, bendithiodd Duw Obededom a'i holl dŷ. 2 Samuel 6: 10-12.

17. Un o gyfres cerddi gan Tryfanwy ar holl siroedd Cymru yn eu tro. Er bod mwy i'w glodfori yn y siroedd eraill nid osgowyd yr her o ddweud rhywbeth am Faesyfed, ac wrthi.

19. **Gosen.** Rhan ffrwythlon o'r Aifft, a ddyrannwyd gan Joseff i'w dad a'i frodyr. Genesis 45 : 10, 47 : 6.

21. **Anëon**, diniwed.
    Gwron y lwysddart. A dyfynnu teitl cofiant Henry Hughes, Bryncir, iddo, 'Owen Owens Cors-y-Wlad, yr Hen Flaenor Hynod' yw'r 'gwron'. Beth am 'y lwysddart'? Digwydd 'dart' yn ffigurol am sylw treiddgar, sydyn, a rhydd y cofiant enghreifftiau o ffraethineb ei wrthrych. Ond efallai mai'r hyn a gyfetyb orau yw'r ffigur 'saeth weddi', gydag 'Owen Owens fel Gweddïwr' yn un o benodau'r cofiant. Ymhlith ystyron 'glwys' mae 'tirion, glân, sanctaidd'. Am 'Edwart', ni wn; efallai mai Edward Parry o'r Gors-y-Wlad arall, gyfagos.
    Dorus, difyr.

26. Aeth odl yr wythfed pennill i rywle!

33. Cawn beth o hanes a gwaith Lefi Gibbon/Gibwn yn : Ben Bowen Thomas, *Baledi Morgannwg* (Caerdydd, 1951) a *Drych y Baledwr* (Llandysul, 1958) ; Dafydd Owen, *I Fyd y Faled* (Dinbych, 1986).

36. Cawn ddarllen : Vivian Parry Williams, *Elis o'r Nant : Cynrychiolydd y Werin* (Llanrwst, 2014).

61. Y teitl llawn gwreiddiol yw 'Wrth iddo ef a'i briod gefnu ar fedd Gwilym Arthur, eu mab, yr hwn a syrthiodd yn Fflandrys, Hydref 25, 1917.'

71. **Y mae gwaed y duwiau'n gynnes / Ynom eto, ddwyfol fardd.** Rhydd Gwili yma droednodyn dysgedig : 'Aeschylos, meddir, yn ei *Niobe*, drama goll. Gweler *Gweriniaeth* Plato, III, 391 E, am y llinellau.'

80. (Soned VII.) **Diell**, hardd, hyfryd.

Llyfryddiaeth

I. Y BEIRDD A'U CERDDI

Alafon (Owen Griffith Owen, 1847-1916). *Cathlau Bore a Nawn* (Caernarfon, 1912). Cerddi o'i waith yn R.H. Watkins, *Cofiant a Gweithiau y Parch. O.G. Owen (Alafon)* (Dolgellau, 1926). Ceir ei awdl 'Ymadawiad Arthur' (ail-orau yn Eisteddfod Genedlaethol Bangor, 1902) yn: Alafon, W.J. Gruffydd, Eifion Wyn, *Yr Awdl, y Bryddest a'r Telynegion ail-oreu* (Caernarfon, d.d.).

Bryfdir (Humphrey Jones, 1867-1947), *Telynau'r Wawr : Llyfr o Farddoniaeth* (Blaenau Ffestiniog, 1899), *Bro fy Mebyd a Chaniadau Eraill* (Y Bala, 1929).

Dyfnallt (John Dyfnallt Owen, 1873-1956). *Myfyrion a Chaneuon Maes y Tân* (Caerfyrddin, 1917), *Y Greal a Cherddi Eraill* (Llandysul, 1946).

Elphin (Robert Arthur Griffith, 1860-1936). *Murmuron Menai* (Caernarfon, d.d.), *O Fôr i Fynydd a Chaniadau Ereill* (Lerpwl, 1909).

Gwili (John Gwili Jenkins, 1872-1936). *Caniadau Gwili I* (Wrecsam, 1934).

James Evans (1872-1943), *Trannoeth y Drin : Caniadau* (Aberystwyth, 1946).

J(ohn) J(ames) Williams, 'J.J.' (1869-1954). *Y Lloer a Cherddi Eraill* (Aberystwyth, 1936).

J(ohn) T(homas) Job, 'Job' neu 'Iôb' (1867-1938). *Caniadau* (Caernarfon, 1929).

Llew Tegid (Lewis Davies Jones, 1851-1928). Cerddi yn W.E. Penllyn Jones, *Bywgraffiad Llew Tegid* (Wrecsam, 1931); hefyd yn J. Lloyd Williams ac L.D. Jones, *Alawon Gwerin Cymru : Welsh Folk Songs I-III* (Caerdydd a Wrecsam, d.d.).

Moelwyn (John Gruffydd Moelwyn Hughes, 1866-1944). *Caniadau Moelwyn*, pedair cyfrol (Porthmadog, 1885, Llanuwchllyn, 1893, Dolgellau, 1899, Aberteifi, 1914). *Caneuon Olaf Moelwyn* (Caernarfon, 1955).

Sarnicol (Thomas Jacob Thomas, 1872-1945), *Ar Lan y Môr a Chaneuon Ereill* (Llandysul, 1898), *Odlau Môr a Mynydd* (Y Fenni, ?1912), *Blodau Drain Duon* (Llandysul, 1935), *Patrymau Gwlad* (Dinbych, 1947).

Tryfanwy *neu* J.R. Tryfanwy (John Richard Williams, 1867-1924). *Lloffion yr Amddifad* (Porthmadog, 1892), *Ar Fin y Traeth : Caneuon* (Caernarfon, d.d.)

II. RHAI TRAFODAETHAU

T. Robin Chapman, *Meibion Afradlon a Chymeriadau Eraill*. Golwg ar y Dymer Delynegol, 1891-1940 (Caerdydd, 2004).

W.T. Pennar Davies, 'Bardd y Lloer', *Llafar*, Haf 1954, t. 3.

Meredydd Evans, *Moelwyn: Y Bardd*. Darlith Flynyddol Llyfrgell Blaenau Ffestiniog, 1982 (Cyngor Sir Gwynedd, 1982). Helaethiad o'r ddarlith hon, 'Moelwyn: Y Bardd a'r Emynydd' yn: Brynley F. Roberts, gol., *Moelwyn Bardd y Ddinas Gadarn* (Caernarfon, 1996), t. 34.

R.H. Evans, 'Bywgraffiad', yn *Trannoeth y Drin* uchod, t. 14.

Trebor Lloyd Evans, 'J.J. Williams (1915-1944)', *'Y Cathedral Anghydffurfiol Cymraeg'*. Stori'r Tabernacl, Treforys (Abertawe, 1972), t. 95.

E. Morgan Humphreys, 'Alafon', *Gwŷr Enwog Gynt* (Yr Ail Gyfres) (Llandysul, 1953), t. 71.

Emrys Jones, 'John Dyfnallt Owen', yn D. Llwyd Morgan, gol., *Adnabod Deg. Portreadau o ddeg o arweinwyr cynnar y Blaid Genedlaethol* (Dinbych, 1977), t. 123.

R.M. Jones, 'Beirdd Eilradd', 'Y Bardd-bregethwr', 'Amryfal Feirdd Rhydd', 'Amryfal Feirdd Caeth', *Llenyddiaeth Gymraeg 1902-1936* (Barddas, 1987), tt. 199-242.

R. Tudur Jones, 'Rhai o Achau'r Bardd-Bregethwr', J.E. Caerwyn Williams, gol., *Ysgrifau Beirniadol* VI (Dinbych, 1971), t. 128.

Alan Llwyd, *Prifysgol y Werin: Hanes Eisteddfod Genedlaethol Cymru 1900-1918* (Cyhoeddiadau Barddas, 2008).

Alun Llywelyn-Williams, *Y Nos, y Niwl, a'r Ynys*. Agweddau ar y Profiad Rhamantaidd yng Nghymru 1890-1914 (Caerdydd, 1960).

T.J. Morgan, 'Dyfnallt', *The Transactions of the Honourable Society of Cymmrodorion, 1976*, t. 55.

Thomas Parrry, 'Gwili y Bardd', *Amryw Bethau* (Dinbych, 1996), t. 95.

T.H. Parry-Williams, 'Elphin', *The Transactions of the Honourable Society of Cymmrodorion, 1967, Part I*, t. 7.

idem, Elfennau Barddoniaeth (Caerdydd, 1935).

J. Beverley Smith, 'John Gwili Jenkins, 1872-1936', *Transactions of the Honourable Society of Cymmrodorion, Sessions 1974 and 1975*, t. 191.

D. Ben Rees, 'Moelwyn yr Emynydd, Bardd a Llenor', *Y Traethodydd*, Gorffennaf 2018, t. 143.

Robert Rhys, 'Cân y Fwyalchen: Golwg ar waith J.J. Williams (1869-1954)', yn Hywel Teifi Edwards, gol., *Cwm Tawe* (Cyfres y Cymoedd) (Llandysul, 1993), t. 266.

Huw Walters, *Canu'r Pwll a'r Pulpud*. Portread o'r Diwylliant Barddol Cymraeg yn Nyffryn Aman (Cyhoeddiadau Barddas, 1987).

Gerwyn Wiliams, *Y Rhwyg: Arolwg o farddoniaeth Gymraeg ynghylch y Rhyfel Byd Cyntaf* (Llandysul, 1993).

EIN CYFRES SAFONOL
CYFROLAU CENEDL

Yn awr ar gael yn y gyfres hon:

1. *Canu Twm o'r Nant.* £15.
2. *Twm o'r Nant: Dwy Anterliwt. Cyfoeth a Thlodi a Tri Chydymaith Dyn.* £15.
3. *William Williams: Prydnawngwaith y Cymry.* £10.
4. *Emrys ap Iwan: Breuddwyd Pabydd wrth ei Ewyllys.* £8.
5. *Beirniadaeth John Morris-Jones.* £15.
6. *Rhywbeth yn Trwblo.* £15.
7. *Dramâu W. J. Gruffydd: Beddau'r Proffwydi a Dyrchafiad Arall i Gymro.* £8.
8. *Eira Llynedd ac Ysgrifau Eraill gan W. J. Gruffydd.* £15.
9. *Llythyrau Goronwy Owen.* £15.
10. *Daniel Owen : Y Dreflan.* £15.
11. *Thomas Parry : Llywelyn Fawr a Lladd wrth yr Allor.* £10.
12. *Llythyr Gildas a Dinistr Prydain.* £15.
13. *Galw'n Ôl. Deuddeg Bardd o Ddechrau'r Ugeinfed Ganrif.* £15

'Golygiad newydd yw pob un, o destun a aeth yn brin drybeilig ac a ddylai fod ar astell lyfrau pawb diwylliedig. ... Dyma gyhoeddwr sy'n cyrraedd mannau lle nad aiff eraill.' – *Y Casglwr.*

'Dylai pob myfyriwr Cymraeg gwerth ei halen gael yr holl gyfrolau ar ei silff.' – *Gwales.*

'Mae'r llyfrgell a adeiladwn bob yn rhifyn fel hyn yn ffynhonnell bwysig i unrhyw un sydd yn ymddiddori yn hanes a llenyddiaeth Cymru.' – *Y Cymro.*

Gan eich llyfrwerthwr neu gan dalennewydd.cymru

A bellach ein chwaer gyfres

YR HEN LYFRAU BACH

PECYN 1

1. Y Bardd Cocos
2. Daniel Owen : Dewis Blaenoriaid
3. Eben Fardd
4. Cerddi'r Bardd Cwsg

PECYN 2

5. Lloyd George
6. John Morris-Jones : Omar Khayyâm
7. Twm o'r Nant yn Cofio
8. Cerddi Goronwy Owen

PECYN 3

9. Cerddi Morgan Llwyd
10. Y Bugeilgerddi
11. Samuel Roberts : Cilhaul
12. Caneuon Mynyddog

£3 yr un, £10 am becyn o bedwar

PECYN 4

13. Emrys ap Iwan : Bully, Taffy a Paddy
14. Dafydd Ddu Eryri
15. Ceiriog : Alun Mabon a Cherddi Eraill
16. John Morris-Jones : Dwy Awdl a Rhai Caniadau

£5 yr un, £12 am becyn o bedwar

Gan eich llyfrwerthwr neu gan dalennewydd.cymru

DALEN NEWYDD